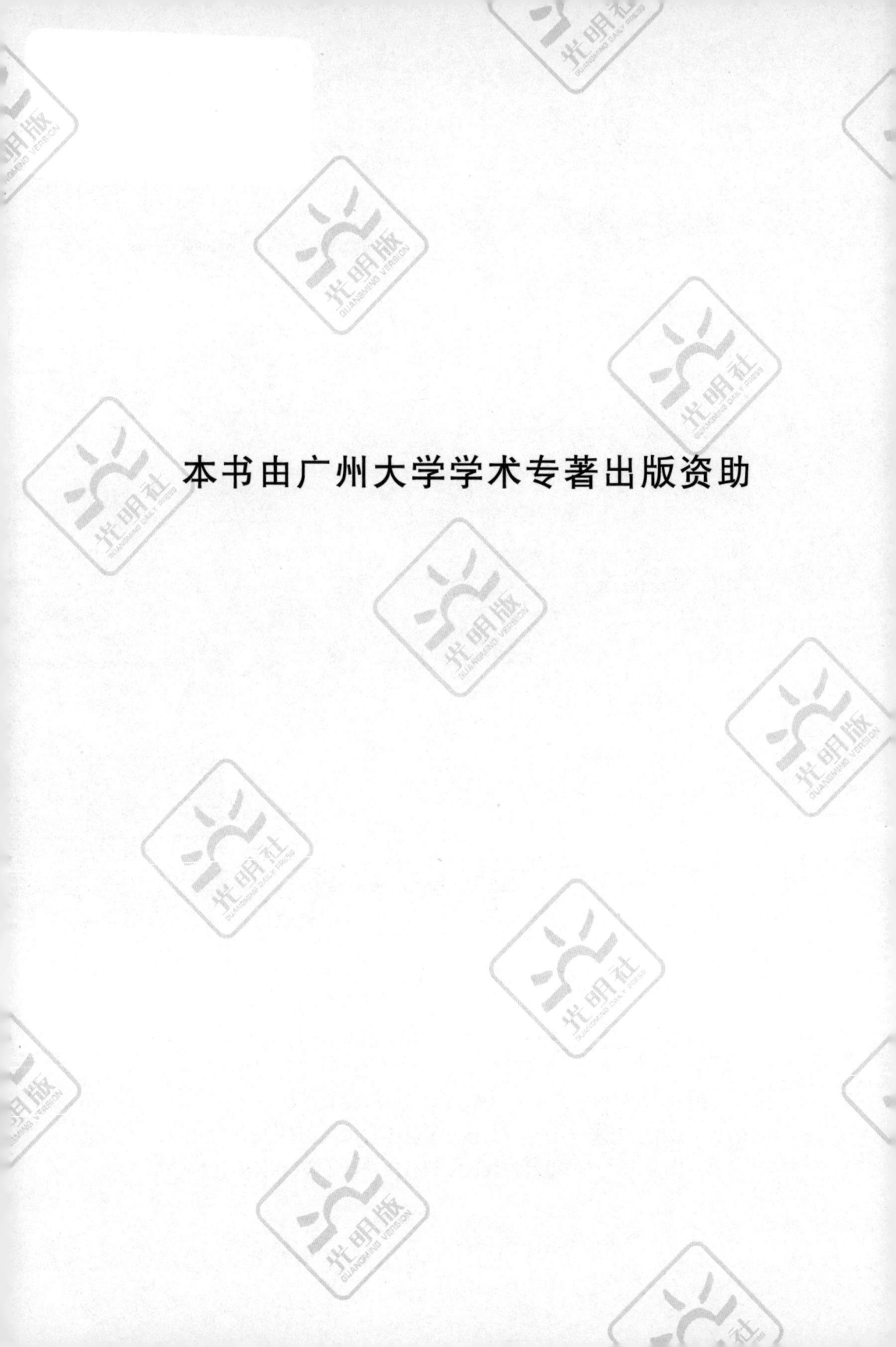

本书由广州大学学术专著出版资助

高校社科文库
University Social Science Series

教育部高等学校
社会科学发展研究中心

汇集高校哲学社会科学优秀原创学术成果
搭建高校哲学社会科学学术著作出版平台
探索高校哲学社会科学专著出版的新模式
扩大高校哲学社会科学科研成果的影响力

张 梅/著

全球生产网络、贸易结构与国内收入差距研究

The Impact of Trade Structure on Wage Gap in China Based on the Global Production Networks

光明日报出版社

图书在版编目（CIP）数据

全球生产网络、贸易结构与国内收入差距研究 / 张梅著.
--北京：光明日报出版社，2013.2（2024.6重印）
（高校社科文库）
ISBN 978-7-5112-4004-0

Ⅰ.①全… Ⅱ.①张… Ⅲ.①全球化—生产体系—研究 ②收入差距—研究—中国 Ⅳ.①F114.41 ②F124.7

中国版本图书馆CIP数据核字（2013）第019953号

全球生产网络、贸易结构与国内收入差距研究
QUANQIU SHENGCHAN WANGLUO、MAOYI JIEGOU YU GUONEI SHOURU CHAJU YANJIU

著　者：张　梅	
责任编辑：宋　悦	责任校对：邓永飞
封面设计：小宝工作室	责任印制：曹　净

出版发行：光明日报出版社
地　　址：北京市西城区永安路106号，100050
电　　话：010-63169890（咨询），010-63131930（邮购）
传　　真：010-63131930
网　　址：http://book.gmw.cn
E-mail：gmrbcbs@gmw.cn
法律顾问：北京市兰台律师事务所龚柳方律师
印　　刷：三河市华东印刷有限公司
装　　订：三河市华东印刷有限公司
本书如有破损、缺页、装订错误，请与本社联系调换，电话：010-63131930

开　本：165mm×230mm	
字　数：167千字	印　张：9.25
版　次：2013年2月第1版	印　次：2024年6月第2次印刷
书　号：ISBN 978-7-5112-4004-0-01	

定　价：48.00元

版权所有　　翻印必究

绪　论　／1

第一章　研究思路和结构内容　／4
　第一节　研究背景　／4
　第二节　本文的研究对象及概念界定　／8
　第三节　本文的结构安排和研究方法　／9
　第四节　本文的创新之处　／11

第二章　文献综述　／13
　第一节　国外关于国际贸易与收入差距的研究　／13
　　一、基于传统的国际贸易理论的研究　／13
　　二、关于国际贸易与收入不平等关系的实证研究　／16
　　三、从外包角度来考虑贸易开放与工资收入差距的关系　／17
　　四、从企业和消费者等个体行为差异的角度的研究　／20
　第二节　国内关于国际贸易与收入差距的研究　／22
　第三节　小结　／26

第三章　全球生产网络与中国贸易结构　／28
　第一节　全球生产网络的定义和分工模式　／28
　第二节　全球生产网络下的中国贸易结构变化　／31
　第三节　小结　／40

第四章　中间品贸易结构影响相对工资理论模型　／41

第一节 基于发达国家的外包理论模型 / 41
第二节 基于发展中国家的网络分工模型 / 44
第三节 小结 / 47

第五章 全球生产网络治理模式与工资差距 / 48
第一节 全球生产网络的治理模式 / 48
第二节 市场型治理模式对相对工资的影响 / 52
第三节 均衡网络型治理模式对相对工资的影响 / 54
　一、不同利润环节对工资差异化的影响 / 55
　二、网络主体升级扩大对技术劳动的需求 / 56
第四节 领导型、层级型治理模式对相对工资的影响 / 61
　一、中国制造业企业处于价值增值链的低层次 / 62
　二、转移价格导致中间品进口价格上涨 / 65
　三、核心企业和外围企业关系不对称 / 66
　四、网络主体升级扩大对技术劳动的需求 / 69
第五节 小结 / 70

第六章 全球生产网络人力资本积累与工资差距 / 72
第一节 教育机制 / 78
　一、农民工在制造业工人中占了绝大部分比例 / 78
　二、加工贸易的高端环节需要大量熟练的技术工人 / 81
第二节 培训机制 / 82
　一、企业尽量利用手工 / 82
　二、企业缺乏创新力 / 83
　三、劳动力流动性偏高 / 83
　四、劳动力素质普遍偏低 / 84
　五、劳动力的健康投资不足 / 85
第三节 "知识溢出"机制 / 88
　一、非技术劳动获得知识溢出的可能性很小 / 88
　二、高技术劳动获得知识溢出的可能性更大 / 90
第四节 小结 / 91

第七章　全球生产网络外部治理与工资差距　/ 92
　第一节　工会及社会资本　/ 92
　第二节　跨国公司行为守则的执行　/ 94
　第三节　政府的政策制度　/ 96
　　一、最低工资法　/ 96
　　二、加工贸易政策调整　/ 100
　第四节　小结　/ 104

第八章　实证分析　/ 106
　第一节　计量模型的设定　/ 106
　第二节　面板数据模型选择　/ 109
　第三节　实证结果和现实解释　/ 110

第九章　结论与研究展望　/ 114
　第一节　本文结论　/ 114
　第二节　政策建议　/ 117
　　一、继续深化中国参与产品内分工的国际垂直专业化程度　/ 117
　　二、逐步缩小农民工与城市居民之间的福利待遇差别　/ 118
　　三、发挥教育和人力资本投资在缩小工资差距方面的作用　/ 119
　第三节　研究展望　/ 120

参考文献　/ 122
后　记　/ 128
附　表　/ 130

绪 论

全球生产网络下的中间品贸易使得发达国家和发展中国家的劳动力需求出现了有利于高技能劳动力的转移。中国的中间品贸易表现在两个方面：一是使用本国的廉价资源和劳动力禀赋，生产层次较低的中间投入品再输往国外；二是从国外进口中间投入品，利用本国的劳动力禀赋对其进行加工和组装，生产成最终产品或中间品后出口到国外（即加工贸易）。加工贸易已经成为中国融入全球生产网络的典型形态。毫无疑问，中国已经深刻地融入全球生产网络体系中。但全球生产网络对中国经济的影响是非常复杂的。据联合国计划发展署的计算，2010年中国的基尼系数为0.45。国内的收入差距加大，技术水平不同的劳动力之间的工资差距更是明显的增大。中国在融入全球生产网络过程中是否也使得劳动力需求出现了有利于高技能劳动的转移，同时，网络内贸易结构的变化、不同治理模式下的网络内参与主体的地位安排和利益分配、网络内的人力资本积累机制、外部治理机制（包括工会、跨国公司和政府三个主体）等与技能劳动和非技能劳动的工资差距的关系以及全球生产网络作用下的传导机制与传导效果是怎样的，这即是本文研究的问题。

现有的研究对中国等外包承接国在融入全球网络分工体系中的价值分配机制、治理机制、人力资本机制等未给予充分论证和研究。而且对制造业内不同细分行业如玩具、纺织服装、机电、汽车、电子等相对工资的状况没有进行考察。本文在全球生产网络的分析框架下，建立中间品贸易模型，从理论角度分析了中间品贸易对相对工资差距的影响；并利用全球生产网络分工体系下的内部治理模式、人力资本积累机制和外部治理机制的动态变化，更深层次地探讨相对工资差距的动因。通过理论、实证和案例分析展现了多种影响途径和渠道并厘清相对工资的动态趋势。

首先，从贸易结构来看，全球生产网络的中间投入品贸易是扩大抑或缩小相对工资差距并不确定，要视中间品贸易的生产效应、替代效应和行业效应而定。全球生产网络治理模式，即网络内的位置安排和利益分配会对技能和非技能劳动的相对需求产生影响。利用"市场型"、"模块型"、"关系型"、"领导型"和"等级型"五种治理模式深入分析不同治理模式下的代表行业：纺织服装、玩具、汽车、电子、机电等，具体讨论相对工资的变化。全球生产网络使处在分工的较低层次上的劳动的横向差别减少，资产专用性弱化为通用性；另一方面，它又使得处在较高层次的劳动差别扩大，并日益专门化，专业化知识在分工中的重要性日益显著。随着企业升级、形成均衡网络型主体，越来越多的价值增值环节需要依靠高素质劳动力，中国技能劳动力的使用比重随之提升。由于中国的非技能劳动力存量大，工资水平提高缓慢，而技能劳动力存量小，工资水平提高迅速，因此，工资差距拉大。全球生产网络下的内部治理模式对工资差距的影响通过两种不同的机制实现：一是通过利益分配机制，网络内企业的利润分配和地位安排的不均衡会固化广大非技能劳动力的工资水平；二是通过扩大技能边际产出的差别，使得相对工资差距的变化体现了劳动力的生产效率差异。其次从相对供给的角度看，全球生产网络的人力资本积累机制（包括教育机制、培训机制、"技术溢出"及"干中学"）并不利于非技能劳动的人力资本投资。接着，本文考察全球生产网络外部治理的三个主体：工会、跨国公司及政府，分析中国的工会、社会资本与劳资力量对比、跨国公司实施企业行为守则、最低工资立法和执行以及政府加工贸易政策变化，进而讨论对不同行业、不同企业相对工资长期动态趋势。最后，建立计量模型，选取中国加工贸易前九强省市：广东、上海、江苏、山东、浙江、天津、福建、辽宁、北京等地1999～2006年宏观工资数据进行面板回归分析，实证结果显示：中国以加工贸易形式融入全球生产网络，其出口，会扩大对技术和非技术劳动力的需求，但技能劳动力的工资上涨幅度要高于非技能劳动力的工资涨幅，从而相对工资差距扩大。短期内中间品的进口减少了技能劳动力的需求和就业，长期内政府和企业都会意识到技术创新的好处和重要性，企业创新能力的构建能够将中间品进口的技术溢出吸收转化，形成在全球生产网络内各主体之间更为平衡的利益关系，取得产品升级、工艺流程升级甚至功能升级、跨行业升级。从而中间品进口会扩大对技能劳动力的需求，相对工资差距拉大。人力资本投资的供给增长由于未能满足劳动力市场的需求，从而在一定程度上表现为工资差距拉大；但长期内，人力资本积累机制的完善会促使更多的低技能劳动力获得更多的人力资本投资，从而技能溢价降低，相对工资差距逐渐缓和。固定资产投资增长会相应提高工资水平，表明在我国资本品投入的变化，如机器设备的购买和更新，使用新型的计算机、建筑物的建造等，会对劳动力素质和技术水平提出更高的要求，相应地提高技术劳动工资。

  本文研究的范围只包括有形的商品贸易，企业与企业之间进入产品生产过程的服务贸易则未计入。作者希望能够在这方面做出后续研究。研究全球生产网络体系下贸易结构与工资差距的关系，是有必要的，这是一种从贸易利得的角度研究中国在现今新的国际分工环境下所处的地位，不仅具有理论价值，而且对于解决好国家在扩大开放中如何发挥比较优势，如何解决我国大量的非技术劳动力工资收入低的问题，如何促进劳动力市场、教育培训和收入分配的完善等一系列问题都具有重大的实际意义。

第一章

研究思路和结构内容

第一节 研究背景

贸易开放大大地提高了各国居民的人均收入水平,但国内收入差距也在日益拉大。纵观最近几十年,发达国家和发展中国家内部工资收入差距呈现扩大化趋势。美国自20世纪60~70年代,经历了工资差距短暂下降,然后加速上升,到90年代中期趋于稳定几个阶段。见图1-1。

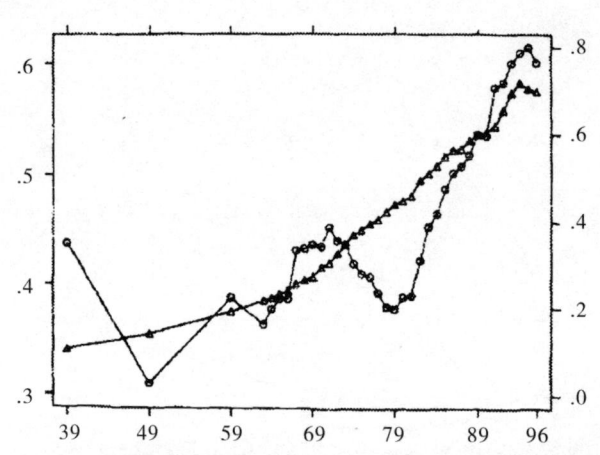

图1-1 具备大学教育水平的工人的相对供给和大学教育工资溢价

注:左边纵轴表示大学教育工资溢价,右边纵轴表示大学教育水平的工人相对供给(工作时间),横轴表示年份。○表示溢价,△表示劳动力供给。[1]

---

[1] Acemoglu D., "Technical Change, Inequality and Labor Market," *Journal of Economic Literature*, Vol. 40, No. 3, 2002, pp. 7~72.

在 2005 年世界银行列出的 120 个国家和地区中，按基尼系数从低到高排序，中国排在第 85 位。可见，我国目前是个收入差距较大的国家。据联合国计划发展署的计算，2010 年中国基尼系数为 0.45；据田卫民[①]的统计，2010 年中国的居民收入基尼系数为 0.4381，10% 最富有的人口占有 40% 以上的社会财富。国内的收入差距加大，技术水平不同的劳动力之间的工资差距更是明显的增大。Khan 和 Riskin（1998）利用中国城市家庭样本，计算出工资差距占收入分配差距形成的比重由 1988 年的 1/3 上升到 1995 年的 1/2。基尼系数从 1980 年的 0.33，上升到 1994 年的 0.40，2000 年的 0.46。收入差距上升的速度由 80 年代的 2%，升到 90 年代的 2.5%（Chang，2002）。蔡昉（2002）的研究表明，全国不同行业劳动力的平均受教育年限与工资收入间的相关系数达到了 0.74。从图 1-2 可以看出，1997~2000 年的工资不平等增长率为 11%（Xu 和 Li，2003），其中技术工人和非技术工人的工资差距逐渐扩大是造成工资不平等的主要原因。

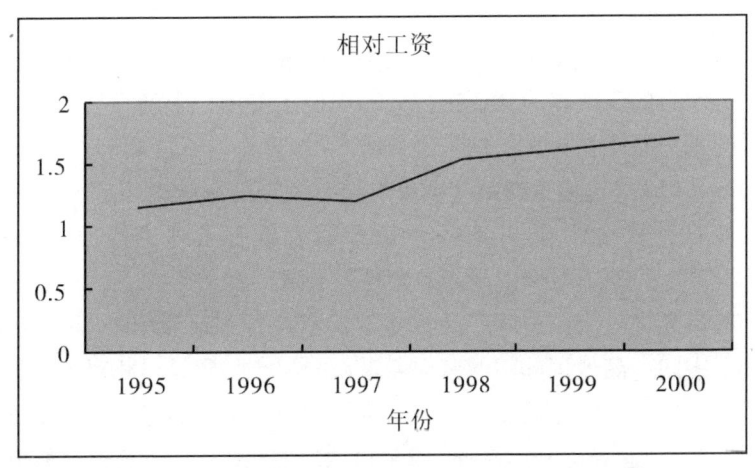

图 1-2　中国技术工人和非技术工人的相对工资[②]

在理论上解释工资不平衡现象并非一件容易的工作。根据传统要素价格和商品价格关联的贸易模型（Stolper - Samuelson Theroem），与发展中国家相比，发达国家中的技术劳动力相对丰裕、非技术劳动力相对稀缺。发达国家应从发

---

① 田卫民：《中国基尼系数计算及其变动趋势分析》，《人文杂志》2012 年第 5 期，第 56~61 页。

② Xu Bin and Li Wei," Trade, Foreign Investment, and China's Wage Inequality," *Working Paper*, *University of Florida*, 2002.

展中国家进口密集使用非技术劳动力的产品,更多生产出口密集使用技术劳动力的产品;而发展中国家则相反。开放贸易后,发达国家内部密集使用技术劳动力的产品的价格相对上升,发展中国家内部的商品价格则呈相反变动。发达国家内部技术劳动力的相对工资上升,非技术劳动力的相对工资下降。该理论能够解释发达国家内部出现工资差距拉大的情况。普遍认为相对工资的改变是源于对技术劳动力相对需求的增加,对此理论上有两种解释:一是认为贸易是扩大工资差距的主要原因。将发达国家内部技术和非技术劳动力之间的工资差距归因于与发展中国家的自由贸易,国内更多地生产需要密集使用技术劳动力的产品,进口更多非技术密集型产品,从而变相地提高了非技术劳动力的相对供给 (Leamer, 1993, 1994; Borjas and Ramey, 1995; Wood, 1994)。另一种解释是计算机及相关技术的普及使得企业更倾向于使用技术劳动力,即技术型技术进步才是扩大工资差距的主要原因 (Davis and Haltiwanger, 1991; Laurence and Slaughter, 1993; Berman, Bound and Griliches, 1994; Krugman, 2000)。开放贸易后,发展中国家内部技术劳动力工资应该下降,非技术劳动力工资应该上升,国内工资差距应该缩小。但现实情况是发展中国家内部技术和非技术劳动力的工资差距却逐渐拉大,如拉丁美洲、中国等发展中国家在开放贸易后的工资差距在扩大。这是经典的 S-S 理论所不能解释的。Dinopoulos 和 Segerstrom (1999) 模型在解释贸易对相对工资的影响时可以独立于产品相对价格的变动,从而使 SS 定理不能解释的现象有了理论依据。Feenstra 和 Hanson (2003) 回顾了强调中间产品贸易是导致工资差距扩大的重要原因的文献。在这些研究文献中,中间产品贸易不仅影响着进口竞争产业的劳动需求,而且影响着中间产品使用部门的劳动需求,中间产品贸易对相对工资的影响比最终产品贸易要大得多,甚至中间产品贸易对相对工资的影响与技术型技术进步的作用一样。Feenstra 和 Hanson (2003) 特别强调中间产品贸易能成为解释工资差距的一个重要原因,是因为中间产品生产既是熟练劳动密集型的,又是一种过程贸易。

  全球生产网络的中间品贸易使得产品生产过程包含的不同工序和区段,如设计、开发、生产制造、营销、销售、售后服务等被拆散分布到不同国家进行,形成以工序、区段、环节为对象的分工体系,但是生产特定产品的目标,又使这些空间离散的经济活动具有内在联系,构成具有整合性功能的跨企业、跨行业、跨国界网络组织。这种新型的全球网络分工体系,在计算机、家用电器、汽车、服装玩具、机械产品等诸多制造业部门获得了相当普遍发展。在过去二十多年里，中国的国际贸易总量及其占GDP比率的大幅上升都是与积极融入全球网络分工体系联系在一起的。这种联系大致可分为两个方面：一方面，由于发达的市场经济国家将其生产过程"外包"出来，将初级产品生产、中间品提供、甚至组装过程"外包"给我国这样的劳动力成本比较低的国家，然后生产出最终产品（消费品）出口，所以在过去二十多年中发生了以"加工贸易"为特色的贸易方式；另一方面，使用我国的资源生产出中间品再输往国外，或是进口别国的原材料、中间品进行组装加工成产品链条的下一层次中间品，再出口，也即以我国为本位"外包"给别国。综合这两方面来看，目前第一种情况在我国中间品贸易中占的比重最大。即加工贸易是我国参与全球生产网络的主要方式。2010年，工业制成品出口金额占所有货物出口金额的94.5%，加工贸易出口金额占所有货物出口金额的比重为52.7%，成为中国主要的贸易方式[①]。中国贸易结构的变化体现在加工贸易结构的变化。在全球生产网络体系下，网络内贸易结构的变化、不同治理模式下的网络内主体的地位安排和利益分配、网络内的人力资本积累机制、外部治理机制（包括工会、跨国公司和政府三个主体）等与技术劳动和非技术劳动的工资差距是怎样的？内部的影响机制、传导效应和未来变动趋势又是怎样的？这即是本文要研究的问题。单纯研究国际贸易与收入差距以及人力资本与收入差距的文献较多。同时现有文献都是基于跨国截面或跨国面板数据从发达国家角度进行的研究，仅有的对发展中国家的研究也是对智利（Robbins，1994），墨西哥（Feenstra&Hanson，1997；Hanson，2003），东欧（Peter Egger and Robert Stehrer，2003）等国的分析，对中国还没有发现相关研究。国外关于贸易结构与相对工资差距的研究，基本是基于外包的角度，即单纯从发达国家的贸易流动来考虑：从发展中国家进口技术含量低的劳动密集型中间投入品、向发展中国家出口技术含量高的技术密集型中间投入品。我国的加工贸易既从国外大量进口零部件和半成品，也向国外大量输出中间投入品和最终产品，将其置于全球生产网络体系下来考察和相对工资的关系应该较为全面。同时，现有文献大都从劳动力相对需求结构变化来考虑相对工资的变化，忽略了技术劳动力相对供给的变化对相对工资影响的渠道。借鉴以往相关研究的经验，本文把贸易结构、内部治理模式、人力资本积累机制和外部治理机制与相对工资差距放在一个全球网络分工体系的研究框架下来分析，解释中国在融入当前的全球网络分

---

① 国家统计局，2011年

工体系中，是如何对相对工资差距产生影响的。

研究全球生产网络体系下贸易结构与工资差距的关系，是有必要的，这是一种从贸易利得的角度研究中国在现今新的国际分工环境下所处的地位，不仅具有理论价值，而且对于解决好国家在扩大开放中如何发挥比较优势、如何解决我国大量的非技术劳动力工资收入低的问题、如何促进劳动力市场、教育培训和收入分配的完善等一系列问题都具有重大的实际意义。

第二节 本文的研究对象及概念界定

本文的研究对象界定为工资，而非收入，是指劳动者个人全部收入中与劳动密切相关的部分，包括基本工资、奖金、津贴以及其它劳动相关的收入，去掉了资本收入和转移性收入。根据国家统计局发布的《关于工资总额组成的规定》（1990）及《关于工资总额组成的规定的解释》，工资总额是指各单位在一定时期内直接支付给本单位全部职工的劳动报酬总额。工资总额的计算应当以直接支付给职工的全部劳动报酬为依据。各单位支付给职工的劳动报酬以及其他根据有关规定支付的工资，不论是记入成本的还是不记入成本的，不论是按照国家规定列入计征奖金税项目还是未列入计征奖金税项目的，不论是以货币形式支付还是以实物形式支付的，均应列入工资总额的计算范围。工资总额包括计时工资、计件工资、奖金津贴和补贴、加班加点工资、特殊情况下支付的工资；工资总额不包括的项目有：有关劳动保险和职工福利方面的费用；劳动保护的各项支出。由此可见，只要是直接支付给劳动者的劳动报酬，无论是货币还是可折算成货币的实物，只要未包括在《关于工资总额组成的规定》（1990）及《关于工资总额组成的规定的解释》规定的排除事项以内的，都应当纳入工资范畴中。本文主要侧重讨论我国制造业工资性收入。2002年之前，国家统计局的数据文件中只包括了年工资而没有报告工作小时数，这就使得我们无法生成小时工资率。因此本文所用的工资均指年或月工资而不是小时或者周工资数据。

本文技术劳动力（或称高技术劳动，熟练劳动，High-skill Labor, Skilled Labor）和非技术劳动力（或称低技术劳动，非熟练劳动，Low-skill Labor, Unskilled Labor）的概念界定。由于技术的内涵和外延都在扩展以及各国发展层次的不同，技术劳动力和非技术劳动力的界限和定义在发达国家和发展中国家各不相同。国外研究工资差距的经济学家通常有两类做法：一是基于受教育水平的不同，把受过大学教育的称为技术劳动力，大学以下的为非技术劳动力。二是把非生产性工人看作技术工人（如督导级别、技术员级、文员级及其它非生产性工人），把生产性工人看作非技术工人（如技工及操作工）。Gonzaga（2002）对巴西所做的研究发现，用两种不同的划分方法得到巴西工资差距变化的趋势是完全相反的，使用生产非生产性划分标准时，巴西工资差距有扩大的趋势，而使用教育水平作为划分标准时则有缩小的趋势。他们更倾向于使用后一种方法。作者认为，这两种划分方法都可以采用，只要能对不同的结果作出合理的解释说明。

本文使用的技术劳动力的概念来自2006年袁政主持的中山大学课题组在《广东第二、三产业技术人才状况及政策研究》课题研究中所指的技术人才，即将符合下列条件之一的产业人员认定为技术劳动：①具有中专及中专以上学历者；②具有初级及以上专业技术职称者；③具有职业特长，按国家统计标准，经职业技术鉴定合格，取得中级以上资格证书者，即中级技工及以上技术等级人才。①、②、③类人员的统计数中扣除重复交叉部分后相加则为技术劳动总量。由于目前并没有关于技术劳动力和非技术劳动力相对就业人数和工资的统计数，考虑到广大农民工在制造业从业的比例较高，而且其技术和学历都相对更低，为方便分析，本文在做比较研究时会用城市工、农民工或不同学历就业人员来替代技术劳动和非技术劳动。相对工资是技术劳动力相对于非技术劳动力工资水平，工资差距是两者的相对工资差距。

第三节 本文的结构安排和研究方法

本文通过全球生产网络贸易结构模型、全球生产网络治理模式、全球生产网络人力资本积累机制和全球生产网络外部治理机制进行分析，解释我国技术劳动力和非技术劳动力工资差距的不同影响机制和影响效应。全文共分九章：

第一章，本文的研究思路和结构内容。包括文章研究的背景和意义，研究的基本思路与方法，主要内容与论文结构，本文的创新之处。

第二章，文献综述。贸易开放与工资差距的国内外研究现状，主要关注全球生产网络下外包和贸易结构变化对工资差距的影响。国内外研究的评价。

第三章，全球生产网络与中国贸易结构。解释全球生产网络以及其内部两种生产模式：生产者驱动型模式、购买者驱动型模式。中国的中间品贸易表现为：一是使用本国的廉价资源和劳动力禀赋，生产层次较低的中间投入品再输往国外；二是从国外进口中间投入品，利用本国的劳动力禀赋对其进行加工和组装，生产成最终产品后出口到国外（即加工贸易）。加工贸易是中国融入全球生产网络的典型贸易形态。

第四章，中间品贸易结构影响相对工资理论模型。建立中间品贸易模型，解释中国在全球生产网络内的分工、地位以及中间品进口价格变化对劳动力需求弹性的影响，进而对相对工资水平的影响。分析表明，全球生产网络的中间投入品贸易是扩大抑或缩小相对工资差距并不确定，要视中间品贸易的生产效应、替代效应和行业效应而定。

第五章，全球生产网络治理模式与工资差距。利用"市场型"、"模块型"、"关系型"、"领导型"和"等级型"五种治理模式深入分析中国融入全球生产网络体系内的位置安排、价值分配机制以及是否存在升级、升级速度和变化等对技术和非技术劳动相对需求的影响，针对不同治理模式下的代表行业：纺织服装、玩具、汽车、电子、机电等来具体讨论相对工资的变化。

第六章，人力资本积累机制与工资差距。通过劳动力市场结构变化改变劳动力供给从而改变其相对稀缺性，会引起工资差距的再次变化。从相对供给的角度，讨论全球生产网络的人力资本积累机制（包括教育机制、培训机制、"技术溢出"及"干中学"）是否有利于非技术劳动的人力资本投资。

第七章，全球生产网络外部治理与工资差距。考察全球生产网络外部治理的三个主体：工会、跨国公司及政府，分析中国的工会、社会资本与劳资力量对比、跨国公司实施企业行为守则、最低工资立法及执行、加工贸易政策变化，进而讨论对不同行业、不同企业相对工资长期动态趋势。

第八章，实证分析。建立计量模型，选取中国加工贸易前九强省市：广东、浙江、江苏、上海、辽宁、福建、山东、北京、天津等地1999～2006年宏观工资数据进行面板回归分析。考察中间品进出口、人力资本积累、资本投入与相对工资水平的关系。

第九章，总结论文的主要结论。提出政策建议以及未来研究方向。

本文的研究方法包括：（1）理论阐述。本文建立全球生产网络的中间投入品模型，从理论角度分析了中间品贸易对国内技术劳力和非技术劳力工资差异的影响。其理论模型参考了Feenstra（2003）的中间投入品贸易模型[①]。

[①] Feenstra R. C., *Advanced International Trade*: *Theory and Evidence*, Princeton University Press, 2003. http://www.econ.ucdavis.edu/faculty/fzfeens/textbook.html

（2）动态分析方法。利用全球生产网络分工体系下的内部治理模式、人力资本积累机制和外部治理模式的动态变化，更深层次地探讨技术劳动和非技术劳动工资差异的动因，进一步厘清工资差距的未来趋向。（3）实证分析和案例分析相结合。针对不同行业，运用丰富且典型的企业案例来分析不同治理模式下的价值利得，采用大量数据应用EVIEWS软件进行面板回归分析，考察加工贸易九强省市的中间投入品贸易变化与相对工资差距的关系。总的来说，本文既运用了理论分析，也运用了计量分析；既有规范分析，也有实证分析。

具体的分析思路和论文框架见图1-3：

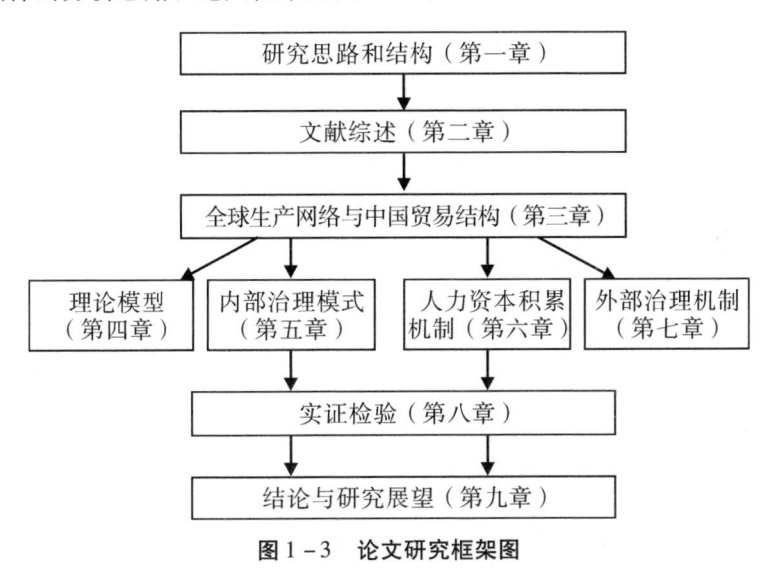

图1-3 论文研究框架图

第四节 本文的创新之处

本文的创新之处在于：

一、现有的研究对中国等外包承接国在融入全球网络分工体系中的价值分配机制、人力资本机制等未给予充分论证和研究。本文在全球生产网络的分析框架下，讨论了全球生产网络中国贸易结构变化与中间品贸易、内部治理模式、人力资本积累机制、外部治理机制与工资差距的关系，展现了全球生产网络作用下的传导机制与传导效应。

二、现有的研究都忽略了技术劳动和非技术劳动相对工资变化的动态趋势。本文利用全球生产网络分工模式内"市场型"、"模块型"、"关系型"、

"领导型"、"等级型"的五种治理模式,来分析不同治理模式的价值分配以及是否存在升级、升级速度和变化对相对工资的动态影响。

三、劳动力要素相对价格决定于相对供给和相对需求。而大部分文献仅从需求变动的收入分配效应来分析贸易以及技术溢出效应与工资差距的关系。本文分析了全球生产网络的人力资本积累机制,从相对供给的角度更深层次地探讨工资差距的变化。把供给和需求因素结合起来分析对相对工资的作用效应。

四、现有研究在分析贸易与相对工资变化时没有涉及工会、社会资本、跨国公司和政府等主体。本文从全球生产网络外部治理的角度分析了工会和社会资本的劳资力量对比、跨国公司的企业行为守则实施和政府政策变化对工资差距的影响。

五、现有研究没有分析制造业内不同细分行业的情况。本文通过翔实的数据和丰富的案例,采用理论和实践的互动分析,考察了纺织服装业、玩具业、电子计算机、汽车制造业在融入全球生产网络的相对工资变化。

第二章

文献综述

第一节 国外关于国际贸易与收入差距的研究

最早直接把国际贸易与国内收入分配关系联系起来进行单独研究的是斯托尔帕和萨缪尔森。1941年他们以H-O模型（The Heckscher-Ohlin Model）为基础提出了斯托尔帕-萨缪尔森定理（Stolper-Samuelson Theorem，SS定理）。SS定理在H-O模型的假设条件下证明了当一国实行自由贸易时，贸易使出口产品生产中密集使用的那种生产要素亦即国内供给相对充裕的生产要素价格上升；使出口产品生产中非密集使用的那种生产要素亦即国内供给相对稀缺的生产要素价格下降。1948年萨缪尔森在对H-O理论进一步研究时，得出一个新的命题：自由贸易不仅会使商品价格均等化，而且会使生产要素价格均等化，以致两国的所有工人都获得同样的工资率，所有的土地单位都能获得同样的地租报酬，而不管两国的生产要素供应量或需求模式如何。这就是著名的要素均等化理论（Factor Price Equalization-FPE）。自SS定理和FPE定理提出之后，国外学者又对贸易与国内收入分配的关系进行了大量的研究。主要集中于以下三个方面：

一、基于传统的国际贸易理论的研究

如Sugata Marjit与Rajat Acharyya（2002）在Ronald W. Jones（1979）考虑过的三要素模型上提出了一个两国三商品两要素的开放模型，发现这种特定的贸易类型会自然产生收入不平等。Ronald D. Fischer（2001）提出了贸易自由化对收入分配影响的均衡模型，认为要素禀赋决定贸易自由化对收入不平等的影响。土地充裕的国家，贸易使收入不平等增加；劳动充裕的国家，贸易使收入不平等缩小。但Fischer的不足是他仅仅讨论了土地充裕和劳动充裕两种

国家，未涉及资本充裕和技术充裕国家的情况，而且该假说的实证检验结果并不显著。Antonio Spilimbergo（1999）发现贸易开放对收入不平等的影响取决于要素禀赋。在土地或资本充裕的国家，贸易开放会降低不平等；而在技术充裕的国家，贸易开放会加剧不平等。但遗憾的是，Spilimbergo 的分析并未涉及劳动充裕的国家。同传统重点讨论要素价格和商品价格关联的贸易模型（Stolper – Samuelson Theroem）相比，Bin Xu（2003）强调要素价格与产品比例（product mixes）之间的关系，他建立了两国家——两要素——四产品的 H – O 模型，在关税降低情形下，南方国家一些可出口的非贸易品转变为贸易品，而可进口非贸易品却没有，这会导致南方国家工资不平等的增加。Jones（1997）以简单的 2*2H – O 模型分析认为，结构性的收入不平等受以下因素影响：一是国际市场上产品价格的变化；二是技术的变化；三是以成本降低为主的贸易自由化。随着南方国家技术的进步，对于中等技术密集产品，南北两国都可以生产该产品，两国中等技术密集产品关税的降低会导致两国工资不平等向同一方向变化，但是这种变化还依赖于贸易自由化变化的方向。如果北方国家进口中等技术密集产品并且降低关税，则两国国内工资不平衡会扩大，如果南方国家进口并减少关税，则两国工资不平衡程度会降低。而 Zhu and Trefler（2005）则在比较优势和要素禀赋优势的基础上设立了一个南方国家经济赶超指数。在一般均衡且技术进步是希克斯中性的条件下，若南方国家的赶超指数大于零，则南北两国国内的收入差距都会拉大；若指数小于零，则两国的收入差距都会缩小。若存在技术偏向的技术进步而且技术进步在各国国内所有部门都相同，则北方国家的技术进步会使北方国家收入差距拉大而南方国家的收入差距会缩小；反之亦然。E. Beaulieu et al.（2004）则建立了一个既存在科技产品间产业内贸易又存在科技产品与传统产品的产业间贸易的南北模型，以考察科技产品贸易壁垒的降低与南北两国国内工资收入差距之间的关系。如果两国在科技产品上贸易壁垒都降低，则两国国内对科技产品的需求都会上升，两国的贸易量会扩大，国内产量也会扩大（即技术进步）。随着两国科技品产量的扩张，两国对熟练劳动者的需求会上升，使两国熟练劳动者的工资上升而非熟练劳动者的工资下降，收入差距扩大。他们还指出，如果南方国家贸易壁垒降幅比北方国家降幅大，则北方国家收入差距会扩大而南方国家的收入差距会缩小。Ekholm and Midelfart（2005）以北北贸易模型为基础分析了北方国家贸易引起的科技变化与相对工资之间的关系。在他们的模型中存在两种产品：一是传统产品（Y 产品），二是同时使用熟练和非熟练劳动者的新兴

14

产品（X产品）。X产品的生产企业有两种进入方式：一是使用传统工艺即以低固定成本和高可变成本进入；二是使用新技术生产即以高固定成本和低可变成本进入。随着两国间关税的降低，贸易会引起X产品企业类型的变化，由使用传统工艺变为采用新技术，即引起技术的变化。随着新技术企业的进入和关税水平的进一步降低，新技术企业的规模会扩大，对熟练劳动者的需求上升从而使熟练劳动者的工资上升，收入差距拉大。这样贸易通过引起两国技术水平的提高方式影响国内的收入差距。

在古诺竞争理论下，Pizer（2000）假设两国家两行业分别生产两种产品，两个行业中一个行业是寡头行业，另一个行业是完全竞争性行业；劳动是唯一的要素，它不可以在国际间流动，但可以在国内的不同行业间流动，劳动如果要进入寡占行业则需要雇佣和培训成本，如果进入完全竞争性行业，则不需要雇佣和培训成本；生产两种商品时都具有生产技术规模收益不变的性质。这样在古诺竞争模式下，贸易自由化意味着关税和非关税壁垒的降低，将导致国内企业产出的下降和外国企业产出的提高。寡占行业工资是随行业产出的上升而上升，随产出的下降而下降的，因此，关税的降低能引起寡占行业工资的降低。工资是根据雇佣工人的边际成本设定的，因此由于产出下降而引起劳动需求的减少降低了工人工资。在不完全竞争的行业，企业之间的竞争行为也可能表现为价格的竞争，即伯特兰竞争。由于国内外的商品存在差异，因而价格也存在差异。在贸易自由化的情况下，关税的降低提高了外国企业的竞争力，迫使国内企业降低价格，较低的价格导致较高的销售，从而产生较高的劳动需求。这样该行业为了从别的行业雇佣工人，必须要支付比较高的工资。因而在伯特兰竞争模型下，贸易自由化使行业工资上升。古诺竞争更适合于受到能力限制的行业，而伯特兰竞争更适合于边际成本很小的行业，如金融服务业。Gaston and Trefler（1995）研究了行业特性对工会工人工资的影响，行业特性包括关税、非关税壁垒、进口和出口等。他们建立了两个贸易和保护对工资影响的模型，一是根据贸易的基础是比较优势来研究，即进口竞争和出口业绩被看作是国内竞争力的外生指标；二是贸易的基础是国内和国外企业之间的战略竞争，进口和出口被看作是内生的。在比较优势下的国际贸易与工资的模型中，Gaston and Trefler证明，如果工会的谈判力量越强，那么企业的外部利润机会越小，工会工人可选择性的工资越高，则合同工资就越高；但是厂商竞争力的上升并不必然导致较高的工资，也就是说贸易自由化并不必然导致工会工人工资的下降。在战略竞争下的国际贸易与工资的模型中，Gaston and Trefler

考虑的是国际贸易为本国企业和外国企业在本国市场上进行战略竞争时，贸易自由化对工会工人工资的影响。他们证明随着工会谈判力量的加强，工会工人工资水平会有所提高，但同时企业外部利润机会的增加，说明企业谈判力量的加强，工人的工资水平将会降低，另外由于替代工资和关税税率的增减，工资的变化趋势不能确定，既可能增加也可能降低。所以在这种贸易模式下，也不能确定贸易自由化对工会工人工资的影响。因此，根据 Gaston and Trefler 提供的两种模型都不能确定贸易自由化可以带来工会工人工资的上升还是下降。因为工会工人的工资主要是受工会谈判力量的影响和企业外部利润机会的影响。贸易自由化对工会工人工资影响如何，需要用实证数据来检验。

二、关于国际贸易与收入不平等关系的实证研究

Andreas Savvides（1998）对收入不平等和贸易保护之间的关系进行了实证研究，结论是 80 年代以来，对不发达国家来说，贸易开放度高的国家收入分配更不平等，而贸易政策对发达国家的收入不平等几乎没有什么影响。Adrian Wood（1995）的实证分析证明，贸易对美国收入差距加大有很大影响，是非技术工人相对工资下降的主因。Leamer（2000）认为贸易是美国收入不平等加剧的主要原因。在劳动密集型产品上具备比较优势的发展中国家向美国的出口增加，压低了美国的劳动密集型产品的价格，从而导致非技术工人工资的下降。与之截然相反，Krugman（2000）则认为贸易不是美国收入不平等加剧的主要原因，真正的原因是"技术偏向"的技术进步（skill – biased technological progress）。同样是从技术的角度，Susan Chun Zhu，Daniel Trefler（2005）则认为南方国家技术赶超战略（catch – up）导致收入分化，作者使用 Freeman and Oostendrop（2001）就业数据库，发现在 20 个发展中国家，有一半以上国家经历着工资增长的不平等。Bourguignon 和 Morrison（1989）发现，台湾自 1950 年代末开放经济后的 30 年里基尼系数逐渐下降；而 Van de Walle（1989）考察了 70 年代中期开放经济后的智利，其基尼系数从 1968 年的 0.426 上升到 1988 年的 0.525，显然其不平等性反而上升。Brian Aitken，Ann Harrison and R. E. Lipsey（1995）对墨西哥、委内瑞拉和美国三国作为东道国的分析表明，贸易的发生和 FDI 的流入都导致了三国工资水平的提高，然而在墨西哥和委内瑞拉，贸易和 FDI 流入只导致外资部门的工资水平提高，而未发生工资水平的外溢现象，即在其他非外资部门的工资并未同步提高，因而外资和非外资部门之间存在显著的工资差异。在美国则发生了工资的外溢现象，因而工资差异较小，考虑到外资企业大多比美国国内企业规模大、并且更加资金

密集，这种工资差异甚至几近消失。Feenstra and Hanson（1997）也认为 FDI 向一个地区的集中流入会对当地的劳动力市场产生显著性影响，增加对当地技术劳动的需求，从而提高当地技术劳动的工资水平。如 2000 年，美国母公司从墨西哥进口的产品，就主要是中间投入品与零部件，且 2/3 为其在"玛奎拉多鲁"地区的子公司生产。他们对墨西哥的相关研究表明其北部边界外资投向加工装配部门导致对技术密集型工人需求的增加，这样增加了工资差距。Hanson and Harrison 对墨西哥在贸易自由化过程中技术型工人和非技术型工人工资差距加大的原因进行了研究。他们采用 1984~1990 年的数据，通过分解技术和贸易两个变量，技术型工人与非技术型工人相对工资的变化 80% 是由于行业内相对工资变化引起的。而贸易自由化引起的就业和相对工资的变化应该是在行业间发生，因此这种大的行业内相对工资变化意味着有其他因素影响到工资差距。由此可知，墨西哥和世界经济一体化的加深，确实对增加收入不平等起了较大的作用，但不是唯一地通过降低关税和配额。Robertson 研究了墨西哥的贸易自由化对工资差距变化的影响。1987~1995 年，技术型工人占总就业的比例增加了 41.1%，其中 21.1% 是由行业间的就业变动引起的，占技术型工人总就业变化的 51.12%，11.9% 是由行业内的就业变动引起的。由于行业内的就业变动一般是由技术变化引起的，贸易自由化对就业的变动主要体现在行业间的就业变动上，因此这个结果意味着墨西哥的贸易自由化引起了对技术型工人需求的增加，从而增加了工资差距。

三、从外包角度来考虑贸易开放与工资收入差距的关系

现有文献主要围绕两个问题展开：一是外包对就业和收入差异化是否具有重要影响；二是决定外包就业和收入分配效应的因素是什么。

Arndt（1997）认为外包企业通过使用国外廉价劳动力提升了其国际竞争力，这将促使其扩大国内生产。扩大生产带来的正的就业效应要超过外国劳动对本国劳动的替代效应。这引出了一个出人意料的结论：外包是有利于所有本国劳动力的（甚至是非熟练劳动力）。Slaughter（1995）认为虽然理论上外包能引起产业内相对要素需求的转移，进而改变相对要素价格，但他在对美国跨国公司外包活动进行了全面的实证分析后发现，跨国公司 20 世纪 80 年代的外包规模尚小，不足以成为引起这种需求转移的主要因素。他还认为"美国跨国公司并不是主要由国际要素价格差异驱动的，本国和外国生产劳动至多呈弱价格替代性，此处的弱价格替代性是指本国和外国劳动要素相对价格的改变，不会导致在要素相对需求上的明显替代（而且事实上可能呈价格互补性）"，

因此外包对不断扩大的收入差距只起了一个非常小的作用。Mary Amiti and Shang – Jin Wei（2004）也认为，由外包导致的就业损失很可能被本部门新创造的就业所弥补，从而大大减弱外包对就业和收入差异化的影响。

但大量的实证研究发现外包对就业和工资差异化有重要影响。从该角度来研究的学者认为，尽管技术密集型产品的相对价格并不一定提升，但国际贸易仍旧是工资差距扩大的主要原因。这是因为当前国际贸易更多地发生在中间品而不是最终品之间。贸易含义的改变意味着非技术劳动密集的生产环节从发达国家转移到发展中国家，虽然技术劳动力密集产品的价格并没有升高，但非技术劳动力的需求下降，而且技术劳动力需求的增加不仅发生在产业间而且更多地发生在产业内。一部门要素偏向型的 H – O 传统贸易理论认为，同一行业的分割将非技术劳力密集生产环节外包给劳动力充裕的国家会降低发达国家（外包方）非技术劳力工资，同时提高发展中国家（承接方）非技术劳力相对工资（只要外包的生产环节部分也是非技术劳动力密集型的）。Feenstra 和 Hanson（1997）运用中间投入品连续性生产（continuum of intermediate inputs）思想构建了一个外包模型，重点探讨了外包行为对发达国家内部工人工资水平的影响。研究结果发现发达国家资本存量的增加以及技术进步将促使生产向发展中国家转移，从而提高发达国家和发展中国家熟练工人的相对工资水平，这在一定程度上解释了美国 20 世纪 80 年代非熟练工人相对工资水平的下降。同时，如果外包的生产环节部分在发展中国家是技术劳动力密集型，发展中国家作为外包承接国，其技术劳动力的相对工资也会提高。这也是较早运用中间投入品连续性生产方法构建外包理论的文献之一。Glass 和 Saggi（2001）分析了全球性外购对一个低工资发展中国家的影响，他们的模型建立在技术差距的基础上。和 Feenstra 和 Hanson（1997）不同的是，在他们的模型中全球性采购的增加不是由于南方国家资本存量的增加，而是南方生产这些中间品的适应成本不断的降低或更广泛的中间品生产可以采用外购的方式来进行。同样，不同于 Feenstra 和 Hanson（1997）通过中间品价格的下降导致北方国家福利改进，他们认为全球性采购加快了创新的速度，从而增加了发达国家消费者的福利。Matthew J. Kohler（2001）运用两部门特定要素模型分析外包对相对工资和福利的影响。假设技术劳动力是特定要素，非技术劳动力是流动要素，资本在部门间不能流动，结论与一部门的模型结论相似：发包国将非技术劳动力密集的生产环节发包出去将使非技术劳动力工资受损。W. J. Ethier（2005）则是从全球化角度考察贸易、技术与工资之间的关系。在 Ethier 的模型中，核心的假设是在生产函数中，非熟练劳动者与国家之间的外包相互替代而设备与熟练劳动者互补。北方国家向南方国家部分外包非熟练劳动者完成的"中间产品"而南方国家出口这种中间品进口生产设备。Ethier 的结论是：第一，全球化程度上升，使南方国家贸易条件改善，提高南方的设备利用，同时北方向南方的外包规模扩大，南北两方熟练劳动者与非熟练劳动者的相对工资都会上升，收入差距拉大；第二，南方或北方国家的全要素生产率或提供设备服务的相对成本下降（技术进步），则南北两国的设备利用会增加从而增加对熟练劳动者的需求，使两国的相对工资上升。

外包对发展中国家劳动力市场影响的文献较少，Peter Egger and Robert Stehrer（2003）研究东欧等地（捷克共和国、匈牙利、波兰）的情况。运用动态面板计量方法，分析三个 CEEC 国家内 1993～1998 年 14 种制成品行业的中间品进出口对技术和非技术工资的影响，他们发现中间品进出口有利于 CEEC 国家非技术劳动力工资的提高。尤其是与 EU 的中间品贸易对三个国家 1993 年以来技术劳动力工资的下降影响最大。Lok Sang Ho，Xiaodong Wei，Wai Chung Wong（2005）运用时间序列分析了香港与中国大陆加工贸易的增长对其工资收入不平等的影响，他们将就业主体分成三组：大学毕业生、小学毕业生与中学毕业生，因果检验显示加工贸易的增长会扩大教育程度较高和教育程度较低劳动力的工资收入差距。

针对外包对就业和收入分配的影响渠道和因素，Feenstra（2001）总结了众多经济学家的观点，指出了以国际外包等为特征的全球化影响就业和工资的三个途径：一是贸易自由化能够影响劳动和资本的相对议价能力（bargaining power），也就是说，如果贸易自由化提高了劳动的需求弹性，那么工人的议价能力就会降低，其工资就会减少。二是全球化能够通过中间投入品的贸易来影响工资水平。三是全球化中出口商的创新活动也会对工资水平产生重要影响。Selin Sayek 和 Fuat Sener（2001）构建了一个统一的"北方—南方"分析框架，他们发现识别激励 FDI 的因素对解释工资变化至关重要，尤其是技术驱动的 FDI 和政策引致的 FDI 对熟练和非熟练劳动力的工资差异有不同影响。在他们的模型中，技术进步率，外包和技术获得性都是内生决定的。有两组内生事件能增加外国直接投资。第一组是外包中的技术偏向性技术变革。这增加了"向南方国家转移生产或是减少开拓南方国家市场的资源要求的可行性"；第二组是指税收和补贴政策改变了跨国公司的投资决策。他们特别重视那些影响 FDI 的参数的变化，并研究了这些参数对工资差异，技术禀赋，技术变革和外包密集度的影响。他们指出"如果 FDI 是由技术进步驱动的话,东道国和母国的相对工资差异将依赖于模型的参数",经过广泛的参数模拟演算,他们发现技术冲击减少了南方的技术收益,但是对北方的技术收益产生了不确定的影响。他们同时指出,如果增加的 FDI 是由政策变量诸如税收和补贴引致的话,相对工资差异在两个区域都将有明显扩大。工资差异的扩大反过来会促使更高比例的人去提高他们的劳动熟练水平。这表明政策选择在解释跨国公司外包增加过程中伴随的工资差距扩大时,可能比内生性技术变革具有更大的说服力。

Pol Antras、Luis Garicano 和 Esteban Rossi-Hansberg (2005) 认为信息成本在外包的就业和收入分配效应中扮演了重要的角色。他们发现通信技术的发展对外包的就业和收入分配效应具有重要影响。全球化只在通讯技术积累相对较低的时候才扩大工资差距,即通讯技术的积累能降低信息成本,而这种信息成本的降低又能抑制工资差距的扩大。由于南方国家的通讯技术积累普遍较低,因此全球化一直以来扩大了南方国家工人内部的收入不平等,而在北方国家全球化只在通讯技术积累相对较低的时候才扩大工资差距。在文献中,他们把异质机构归类到竞争性的组(team)中,劳动技术的人口分布决定了形成组的类型和行为人(agent)的工资。他们把全球化定义为这样一个过程。形成国际性的组(international team)进而影响能够用来形成组的行为人的分布。从这个观点来看,国际外包就是一个形成国际组的过程,它为北方国家增加了大量的具有相对较低技术的行为人,而为南方国家增加了大量具有相对较高技术的行为人。他们认为国际组的形成通过"三个离散的渠道"(three separate channels)影响了工资结构和经济组织。(1)职业选择效应(occupational choice effect),全球化影响每个国家的经济中经理人的比例。这个比例在北方国家趋于上升,而在南方国家趋于下降。(2)竞争效应(competion effect)。即全球化增加了北方国家低技术劳动力的相对供给(而在南方增加了高技术劳动力的相对供给)导致了单位技术的报酬在北方国家下降(而在南方国家上升)。(3)补偿效应(complementarity effect)。即全球化扩大了不同的经理人在能力上的差别,因而扩大了他们在技术的边际产出上的差别,他们的工资差异正是对这种边际产出差异的补偿。在以往的分析中这一效应经常为人们所忽略。

四、从企业和消费者等个体行为差异的角度的研究

(一)企业类型选择机制

企业自身对是否出口的选择也会影响贸易与收入分配的关系。Bernard and

Jensen（1997）利用美国20世纪80年代制造业非生产工人需求的企业数据分析了企业类型对工资收入的影响，他发现，出口企业出口增长几乎可以全部解释美国相对工资的升高；技术进步决定了企业的技术升级但不是导致工资差距拉大的主要因素。Bernard and Wagner（1998）分析了德国公司的出口企业后发现，具有一定规模和生产率的成功企业更倾向于成为出口企业，而这些企业雇用了更多的熟练劳动者。Manasse and Turrini（2001）从企业层面上分析了全球化对收入不平衡的影响。他们建立的垄断竞争的一般均衡模型表明，在从事产业内贸易的两个同质国家间，贸易自由化导致熟练劳动者在非出口企业的收入减少，在出口企业的收益可能上升也可能下降，但是熟练劳动者对非熟练劳动者的相对工资会上升；另外，出口企业竞争加剧会导致更大范围的技术进步和生产变革，从而要求企业雇用更多的技术工人，这样熟练劳动者的工资也会上升。S. R. Yeaple（2005）在他的一般均衡模型中也指出，出口企业规模大、拥有先进的技术、雇用更熟练的劳动者并且支付较高的工资，具有比非出口企业高的生产率；贸易成本的降低会导致企业技术的变革，导致更大的贸易流量，增加对熟练劳动者的需求，拉大了熟练劳动者与非熟练劳动者的工资差距。

（二）消费者行为差异

Fischer（1992）建立了一个跨期迭代的 2×2 动态模型分析贸易对收入分配的长期和短期影响。在存在遗产转移和个体对遗产和储蓄偏好不同的条件下，若投资品是资本密集型的，那么贸易不论在短期还是在长期都会拉大资本丰裕国家的收入不平等而缩小劳动丰裕型国家的收入差距；若消费品是资本密集型的，短期的影响方向依然存在，但长期的影响方向则不明确。Glazer and Ranjan（2003）从消费者偏好差异的角度分析了贸易与收入分配的关系。他们认为，不论是发展中国家（非熟练劳动丰裕型国家）还是发达国家（熟练劳动丰裕型国家），如果熟练劳动偏好用熟练劳动密集型的产品则对熟练劳动工人人数需求的增加会增加熟练劳动者的工资。在自由贸易条件下，若本国是熟练劳动密集型产品的净进口国，则熟练劳动密集型产品的进口增加了熟练劳动者的禀赋从而提高了熟练劳动者的相对工资，所以贸易自由化会增加发展中国家的收入差距，这在墨西哥、智利等国家的实证分析中已经得到证实。近几年的研究焦点在于跨国公司的跨境外包活动（尤其是服务外包或服务的离岸提供）是否导致了母国国内非熟练工人与熟练工人之间工资差距的拉大。由于服务业外包对资本密集度要求较低再加上较低的沉没成本（sunk cost），其发展速度较快（UNCTAD 2004，152~153），对母国"白领工人"的利益影响也较大（Amiti&Wei 2004；Rishi&Saxena 2005）。

第二节 国内关于国际贸易与收入差距的研究

郭庆（2001）认为中国加入WTO，短时期内外国低价农产品的进入和农业部门的收缩会使农民收入下降。长时期内竞争的压力会促使农业技术进步和农业的结构调整，使农业实现集约化。产业化经营，增加第一产业整体的产出水平。加之剩余的劳动力向第二、三次产业的转移，第一产业中劳动力收入会增加。第一产业转移出来的剩余劳动力多为低素质劳动力，他们进入第二产业后，只能在劳动力素质要求比较低的劳动密集型和一般资本密集型产业就业。当前这部分产业已经存在巨大的就业压力，进一步的劳动力供给增加会使低素质劳动力收入下降。虽然劳务输出能起相反的作用，但考虑到我国人口规模，其影响不会太大。资本技术双密集型产业和高科技产业的扩张会形成对高素质劳动力，尤其是相应的专业技术人员更多的需求，但这种劳动力在我国是稀缺的，因此其收入会有较大的增加。虽然在第三产业原有发展水平较低的情况下，传统服务业和新兴服务业都会有较大发展，形成对劳动力的巨大需求，但是大量的低素质劳动力只能借助传统服务业。因此传统服务业中劳动力收入可能不变。新兴服务业中会由于高素质劳动力短缺而使劳动力收入增加。总的来说，虽然劳动力收入在各产业中有不同的变化，但总的趋势是高素质劳动力收入增加，低素质劳动力收入不变，甚至下降，两者收入差距将会拉大。

黄丹（2001）认为，自由贸易对收入分配的影响是多方面的，这要视具体的情况而定。总的来说，自由贸易会导致一国的财富从劣势行业的人群流向优势产业的群体。如果在原有的封闭经济中，劣势行业的收入水平大大高于优势产业的收入水平，那么自由贸易会减轻收入分配的不平等程度。如果优势行业的收入水平高于劣势行业的收入水平，那么自由贸易会带来收入不平等的加剧。从国际竞争力来看，我国入世后受益的产业有纺织业、鞋业、机械加工业、玩具业等；入世后受到冲击较大的典型产业有金融服务业、电信业、汽车制造业、航空运输业、石油化工业、农业等。在这些产业中，受益产业的收入水平普遍居于中下水平，而受冲击的产业（农业除外）的收入则普遍处于高收入水平。入世后，金融业等受冲击的产业由于竞争的加剧，利润水平会大大下降，不少行业的"租金"也会随之消失，从事这些行业的人群的收入会下降。而对于纺织业等受益行业，由于市场的扩大，收入水平会有所上升。在这一问题上，需要特别重视的是农业的保护问题。由于我国是一个农业大国，农业在我国经济中占有很重要的地位，入世后如果对农业保护不力，将造成占我国近80%人口的农民收入下降，使本来收入偏低的农民生活水平进一步下降，拉大城乡收入差距。因此，关于入世的产业保护问题，我们应把目光更多地放在农业上。综合以上分析，他认为，只要农产品不受严重的冲击，入世后，由于高收入行业收益的降低和低收入行业收益的提高，我国的收入分配有趋于均等的倾向，这不仅大大促进了我国商品的出口量，内需也会因收入分配结构的改善而有所提高。由此可见，对于我国而言，入世的好处不仅在于扩大产品的出口，优化我国的产业结构，而且还会改善我国的收入分配结构，而后者往往被人们所忽略。

翟银燕（2003）运用投入产出技术分析的方法，选择1997～2001年的数据，研究进口、出口、技术变化、居民消费扩张和政府消费扩张五个因素的变动对基尼系数的影响，模型中对于进口商品作了最终商品和中间投入品的分类，只是没有用相应的指标对工人的性质进行划分。其结论是：技术变化对基尼系数的影响有最大的扩大作用，为41.89%的影响。国际贸易对基尼系数有小的扩大作用，为3.11%的影响，其中，出口对基尼系数有小的扩大作用，为3.11%的影响，原材料和半制成品进口对基尼系数有微弱的扩大作用，为0.25%的影响，制成品进口对基尼系数有微弱的缩小作用，为0.11%的影响；最终消费对基尼系数有小的扩大作用，其中，居民消费扩张对基尼系数有最大的缩小作用，为11.87%的影响；政府消费扩张对基尼系数有较大的扩大作用，为7.61%的影响。

徐水安（2003）运用一个动态两要素模型分析了贸易自由化对个人收入分配不平等的影响效果，并从城市工业经济和农业经济两个方面考察了加入WTO后我国个人收入分配不平等的变化，发现一方面作为一个劳动充裕、资本相对稀缺的发展中国家，贸易自由化后，依照这样的要素禀赋所决定的比较优势，我国将更多地出口劳动密集型产品，进口资本密集型和人力资本密集型产品，从而劳动的相对收益上升，个人的收入分配差别得以改善。另一方面，由于农业经济中土地资源贫乏，贸易自由化的结果是劳动密集型的农产品出口增加，价格上升，土地密集型的农产品价格下降，从而工资—土地租金比率上升，农业人口的收入不平等下降，因此，综合来看，入世后我国收入分配不平等会有所改善。但是文章并没有解释为什么统计数据反而呈现相反的趋势。

何璋、覃东海（2003）进行跨省研究，找出省级行政单位的地区收入差距指标以及开放程度指标进行相关性分析。建立计量经济模型回归结果显示以外贸依存度所表示的开放程度与收入分配之间没有线性关系，不过收入差距与开放程度之间有一种凹型的图示关系，即在开放程度较低的时候，开放有利于收入分配差距缩小，在开放到了一定程度以后，开放却会扩大收入分配差距。以外商直接投资/GDP所表示的开放程度与收入分配之间则存在明显的负向关系。得出引进外资在降低收入分配不平等程度上有积极作用。他们的研究虽然具有借鉴意义，但是选取的时间仅一年。

尹翔硕（2004）关于中国贸易结构的分析，中国是一个非技术劳动力较多，技术劳动力以及资本、土地较少的国家，因此中国会在市场经济和自由贸易环境下出口非技术劳动力密集产品，进口人力资本、资本和土地密集的产品。而推动技术进步（大多数技术进步更多地发生在资本相对密集的产业）使得生产扩大，其密集使用的要素收入会增加，而生产收缩部门中密集使用的要素收入会减少。因此，对中国这样非技术劳动相对丰裕的发展中国家来说，推动技术进步很可能是不利于非技术劳动者的就业和收入分配的。而同时推动高新技术产业和传统产业的技术技术进步，只要两部门的技术进步率相同，则两部门的产出提高幅度也相同，两部门的资本/劳动比例就不会发生变化，这样，既可以提高所有产业的生产率，也不导致收入分配的恶化或失业的增加。

与贸易自由化同步出现的发展中国家内部的高技术工人与低技术工人之间的工资差距加大，不能被传统的国际贸易理论所解释，针对这一问题李世光（2004）构建了一个将国际贸易、外国直接投资、技术进步放在统一框架中考虑的模型，说明发展中国家机械设备类产品的进口、外国直接投资和成本节约性的技术进步导致高技术工人和低技术工人之间工资差距的扩大，并引入居民和政府，说明高技术工人的内生决定和政府调节收入分配的政策选择。

赵莹（2003）讨论了"技术偏向性的技术进步"对收入差距的影响，她认为在中国的实际劳动力市场特征下，技术工人相对于非技术工人的工资上升，从而收入差距扩大。戴枫（2005）对中国贸易自由化与收入不平等之间的关系进行了实证分析，Granger因果关系的检验结果显示，以基尼系数表示的中国收入差距的扩大与以对外贸易依存度表示的贸易自由化程度之间存在着长期稳定关系。魏尚进（2002）研究了全球化对中国的收入差距的影响，他认为中国的收入差距主要体现在城乡收入差距上，因此研究对外开放对城乡收入差距的影响在很大程度上可以代表对外开放对收入差距的影响。魏尚进用

1989~1993年中国100多个城市的数据进行案例研究,结论是以外贸依存度表现的开放水平越高的城市,享受收入不平等程度下降得越快,即开放有利于缩小收入差距而不是加大了收入不公平。

张钜贤(2001)用赫克歇尔-俄林模型的提法产生假设,并用协整技术实证研究香港——内地贸易额的增加对香港四个行业(制造业部门,批发、零售、进出口、饭店和宾馆等部门,运输服务部门,金融、保险、房地产和商务服务部门等)工资差距的冲击,建立模型如下:

$$In\left(\frac{W_{sk}^i}{W_{unsk}^i}\right) = \beta_0 + \beta_1 In(TRSH_t) + \beta_2(GDPSH_{i,t}) + \beta_3 In(X_t) + \varepsilon_t$$

其中 $TRSH_t$ 是香港——内地贸易额占香港贸易总额的份额,$GDPSH_{i,t}$ 是行业 i 在时刻 t 按要素成本对 GDP 百分率,X_t 是时刻 t 的总失业率。他的协整分析支持这个假设:香港——内地贸易额增加时,香港熟练工人对非熟练工人的工资比显著提高。这样,他的发现给斯托尔伯-萨缪尔森定理增加了一个事实根据,即当发达国家或地区与发展中国家或地区贸易时,发达国家或地区的非熟练工人将获得较低的实际工资。

俞会新(2003)对中国贸易自由化对就业和收入分配的影响进行了实证分析。她建立了一个影响中国行业相对工资的计量经济模型,贸易自由化对行业相对工资的影响用出口导向率和进口渗透率来表示。采用的模型是:

$$W = C(1) + C(2) \times EXQ + C(3) \times LMQ + C(4) \times KL + C(5) \times ZJLX + C(5) \times QSQ$$

其中 W 代表行业的相对工资,EXQ 代表出口导向率,LMQ 代表进口渗透率,KL 代表资产劳动比,$ZJLK$ 代表资金利税率,QSQ 代表各行业企业产值占总产值的比重。通过对1995~1997年和1998~2000年33个工业行业细分的数据来进行回归检验。结果显示,出口导向率对中国各行业的相对工资有着一定的正向影响,进口渗透率对行业相对工资的影响都不显著,因此贸易自由化对出口导向行业的相对工资有一定的拉动作用,进口竞争行业的相对工资有一定的下降,但是影响不是很大。进口竞争行业相对工资下降,但是,进口竞争行业的工资只是相对于以前的相对工资下降,并没有低于出口导向行业的相对工资,这说明在贸易自由化的前期阶段,进口竞争行业存在着垄断租金,分享了这种租金,贸易改革虽然使进口竞争行业的相对工资下降,但却是合理的。

陈景华(2007)用制造业细分行业工资比重(每一细分行业平均工资占整个制造业平均工资的比重)变化作为研究主体,分别用中间投入品出口贸易额占全国出口贸易总额和中间投入品进口贸易额占全国进口贸易总额的比重来表示，分析发现，中间投入品出口占全国出口总额的份额每增加1，就会导致制造业行业工资比重增加0.5303；进口份额每增加1，会导致行业工资份额增加0.2327。

张莹（2007）以其他就业人员（包括再就业的离退休人员、民办教师以及在各单位中工作的外方人员和港、澳、台方人员）的平均劳动报酬统计指标作为技术工人劳动报酬统计指标的直接替代，度量技术工人的平均劳动报酬水平，从而计算出相对就业量和相对工资水平，采用1999~2006年加工贸易额占比前九强的省市来分析中间投入品贸易对相对就业和相对工资的影响。她发现，中间品进口扩大了相对工资差距，中间品出口的增加提高了对非技术劳动力的需求，从而缩小相对工资差距。

第三节　小结

国内外研究分别从不同的角度分析了贸易自由化对各国工资差距的影响。国外研究的基本结论是贸易自由化对发展中国家收入不平等会产生一定影响，但不是唯一的影响因素；外包或中间品贸易对发达国家工资差距有一定影响，但不是唯一的影响因素。表2-1总结了国内外运用中间品贸易来解释相对工资变化的结论。

表2-1　中间品贸易对相对工资影响的国际比较

国家	中间品贸易对相对工资的影响
美国（Feenstra）	中间品的进口提高技术劳动者（非生产性工人）的相对工资水平，国际贸易使劳动需求曲线趋于平缓，需求弹性增大。
墨西哥（Feenstra）	吸引FDI，承接中间品外包，提高技术劳动者的相对工资水平
东欧（Peter Egger）	中间品的进口和出口均降低技术劳动者的相对工资水平
中国（张莹，2007）	中间品的进口扩大了相对工资差距，中间品出口贸易缩小了相对工资差距。
中国（陈景华，2007）	中间投入品出口占全国出口总额的份额每增加1，就会导致制造业行业工资比重增加0.5303；进口份额每增加1，会导致行业工资份额增加0.2327。

目前关于发达国家外包对国内工资差距的研究一般是基于发达国家外包非

技术密集型生产环节（如组装），出口技术型生产环节的中间品（如零配件、半成品）的角度，由于本国专注于技术型生产环节的发展，从而提高了对技术劳动力的需求，减少对非技术劳动力的需求，这种劳动力市场结构性的需求变动产生了结构性的工资变动。相应地，工资差距拉大。关于墨西哥承接外包（伴随 FDI 的流入）扩大相对工资的研究是基于流入墨西哥的生产环节相对本国原先的生产环节而言，是技术密集型的，这种结构性的变化也同样发生在发展中国家，从而扩大对国内技术劳动力的需求。东欧三国（捷克、匈牙利和波兰）中间品贸易主要表现为利用国内资源和劳动力禀赋加工成中间品出口到欧洲市场，因而中间品贸易的增长会扩大对非技术劳动力的需求，相对工资差距缩小。陈景华关于中国中间品贸易对相对工资的研究是从贸易结构变化对制造业各细分行业平均劳动报酬与制造业总体劳动报酬的影响角度来讨论的。上述关于中间品贸易对相对工资的影响多停留于从需求的收入分配效应进行分析，缺乏对我国制造业各细分行业相对工资动态变化的深入探讨；在研究方法上只是单纯的理论分析或实证分析，这既妨碍了结论的科学性，也削弱了对政策的参考价值。随着中国逐步融入全球生产网络，其内部的治理模式、人力资本积累机制和外部治理模式等与相对工资变化的作用机理是需要关注的内容。

第三章

全球生产网络与中国贸易结构

第一节 全球生产网络的定义和分工模式

全球生产网络（Global Production Networks – GPNs）被定义为为生产和提供最终产品与服务的一系列企业关系，这种关系将分布于世界各地的价值链环节和增值活动连接起来，从而形成了全球价值链（Global Value Chains – GVC）或全球商品链（Global Commodity Chains – GCC）（Sturgeon，2002）。全球生产网络的形成和发展是与信息通讯技术的快速发展分不开的，尤其是互联网及电子商务的出现，大大降低了系统内部各组织形式的生产活动与贸易活动的交易成本和运输成本。同时，生产过程的技术可分性又为全球生产分工创造了必要的条件。生产的"模块化"现象便是其中之一。产品生产过程包含的不同工序和区段，如设计、开发、生产制造、营销、销售、售后服务等被拆散分布到不同国家进行，形成以工序、区段、环节为对象的分工体系，但是生产特定产品的目标，又使这些空间离散的经济活动具有内在联系，构成具有整合性功能的跨企业、跨行业、跨国界网络组织。这种新型的全球网络分工体系，在计算机、家用电器、汽车、服装、玩具、机械产品等诸多制造业部门获得了相当普遍发展。例如，诺基亚公司一年要生产2亿部左右的移动电话，这意味着每小时要处理上百万个组件，绝不可能放在一个工厂或一个地方生产，必须由分布于全球各地的多达上百个生产基地来完成，然后再统一安排到全世界的市场进行销售。

从分工的价值链增值特性来看，虽然参与价值创造的国家和地区很多，但在价值创造过程中的地位有很大不同，有主导价值创造和分配过程的领导者，有服从价值安排和分配的参与者，之间有着明显的分工模式。见图3－1。当前，发达国家更多地占据着技术开发、产品设计与关键核心零部件的生产，以及品牌和销售渠道等高增值性价值链环节。发展中国家更多地集中于劳动密集型的加工工序生产的低端价值链网络层面。以电脑及外设产业为例，这一网络的品牌领导厂商有来自美国的惠普公司、IBM 公司、戴尔公司、Intel 公司，来自日本的索尼、NEC、东芝、夏普、佳能等公司。合同制造商构成网络旗舰企业的另一类，合同制造商有自己的品牌产品，同时也为其客户（品牌领导厂商）提供一体化的制造和全球供应链务，其中通常包含设计服务。如纬创力公司（Flextronics）、富士康集团。围绕这些网络旗舰企业的是大量的当地专业化供应商，包括高层级的供应商和低层级的供应商。高层级供应商主要由来自台湾、日本、新加坡、韩国的企业所构成，比如台湾的宏碁公司、韩国的三星公司、LG 公司等。他们缺乏市场能力和知名的品牌，主要承担在全球旗舰企业和低层级供应商之间的中介作用，是全球生产网络有效而又活跃的协调者。低层级供应商在全球生产网络中地位较弱，绝大部分集中于低工资的制造区域，比如中国、爱尔兰、墨西哥、马来西亚、匈牙利、波兰和捷克等国家和地区，作为廉价标准零部件的供应商出现。其主要的竞争优势在于低成本、速度和交货的灵活性。这一层级的供应商很少能直接和全球网络旗舰企业打交道，主要从当地高层级供应商那里接订单。

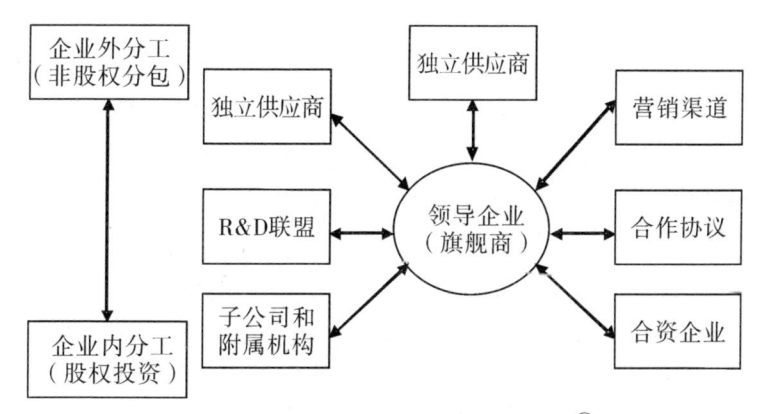

图 3-1 全球网络分工体系的实现方式[1]

从实现方式来看，全球生产网络分工既可以通过跨国公司股权投资方式进行，也可以通过非股权式的分包方式进行。前者主要由拥有某些关键性核心技

---

[1] Ernst Dieter, Kim Linsu, "Global Production Networks, Knowledge Diffusion, and Local Capability Formation," *Research Policy*, No. 8, 2002, pp. 14–21.

术的大型跨国制造业企业如波音公司和丰田公司等通过跨国投资在全球范围内建立垂直一体化的产业联系来实现；后者主要由拥有强大品牌优势和销售渠道优势的大型跨国经销商如沃尔玛、耐克、戴尔等为主导，通过全球化采购尤其是贴牌制造将有关国家众多的制造商纳入到以水平一体化为主的产业联系网络之中。

当前的全球网络分工有购买者驱动型网络体系和生产者驱动型网络分工体系（分别见图3-2、3-3）。他们往往通过大型的或跨国生产商进行协调生产网络和配置资源。购买者驱动型生产网络指的是大型零售商、品牌营销商、品牌生产商在多个出口国家（一般在发展中国家）建立非股权式生产网络，这种贸易导向型的产业化多发生在劳动密集型行业及消费品行业如服装，鞋，玩具，家居，电子消费品等。生产者驱动型网络分工体系大多发生在资本、技术密集型产业如汽车，飞机，计算机，半导体以及重型机械。生产者驱动型网络体系利润来源于规模和技术，而购买者驱动型网络体系利润来源于销售市场战略、设计、销售、营销和金融服务。可见，前者的利润来源于技术租金和组织租金，后者则来源于关系型租金、贸易政策租金和品牌租金。在寡头结构成为很多行业市场形态特点的当代经济环境中，某个企业率先采用外包等产品内分工生产方式，通常能够获得先行者优势，并在市场上占据较为有利的竞争地位。进入壁垒最高的环节或区段，通常也是对网络体系整体运行最具有影响和支配力的环节或区段，占据这些区段的厂商通常会在价值和利润分配上处于有利地位。但是整个生产流程中，哪些区段具有较大支配性，哪些厂商或角色影响力较大并获利较为丰厚，不同行业和产品对象则又各自具有不同特点。如服装产品的生产网络，参与制造加工厂商控制力很弱，品牌商、零售商和网络协调商占据关键地位；汽车生产网络中，最终产品品牌商及其直接控制的最终组装环节和关键部件具有较大支配力；电子产品分工系统中，关键元件和系统组件厂商比最终产品品牌商具有更大控制力。对于生产者驱动型的全球生产网络，发展中国家企业一般可以在制造环节通过合资、合作、并购等方式嵌入；对于购买者驱动型的全球生产网络，发展中国家企业一般可以在销售环节通过贸易方式嵌入。但嵌入的发展中国家企业常常被锁定在制造环节，而生产率最低、技术层次最低、产品特色最少的网络环节，往往是第一个失去竞争优势。除非发展中国家的企业和企业团体在某个价值环节积累并具备了较强的能力从而提高了讨价还价的实力，这样才有利于进一步获得新的能力甚至部分战略环节。

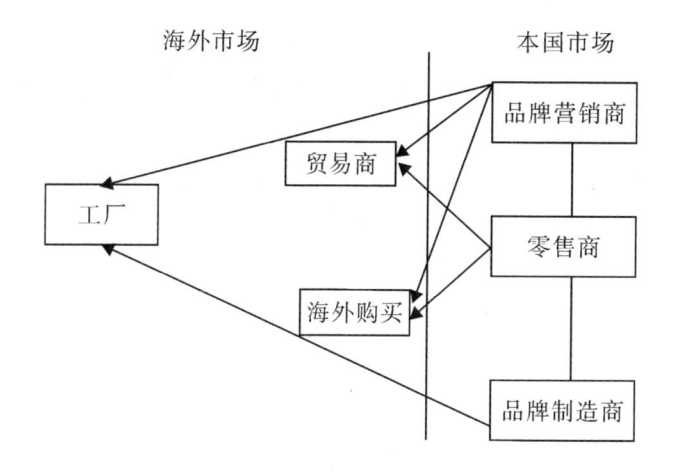

图 3-2 购买者驱动型全球生产网络结构①

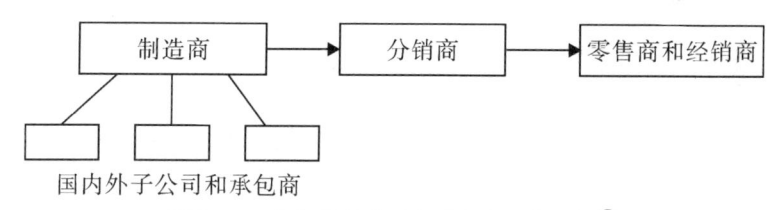

图 3-3 生产者驱动型全球生产网络结构②

第二节 全球生产网络下的中国贸易结构变化

随着全球生产网络的形成和发展，价值链环节和增值活动在全球范围内实现了分解与重新配置，网络内的分工或产业内不同价值链环节或增值活动的分工，逐渐代替产业间分工成为国际分工的主导。从而使得国际贸易从原来的最终消费品交换和生产，转变为产品零配件的交换和生产。在最近十多年的时间里，零部件贸易得到前所未有的发展，其增长速度大大超过世界贸易平均水平，1992 年至 2003 年间，零部件出口贸易额由 4100 亿美元增至 10400 亿美元，年均增幅达到 14%，而同期世界出口贸易额的平均增幅仅为 9%。例如

---

① Gereffi G. A., "Commodity Chains Framework for Analyzing Global Industries," *Duke University Working Paper*, 1999.
② Gereffi G. A., "Commodity Chains Framework for Analyzing Global Industries," *Duke University Working Paper*, 1999.

Feenstra 和 Hanson（1996，1999）、Campa 和 Goldberg（1997）使用投入产出表，先计算出单个行业中进口的每种投入品的价值，然后将该行业所有进口的投入品相加，得出该行业进口投入品总价值，最后将所有行业进口投入品价值进行加总，就得到整个国家进口中间产品情况。Feenstra 与 Hanson 将该方法用于美国制造业，发现美国制造业进口中间产品占总中间产品的比例从 1972 年的 5.7% 上升到 1979 年 8.6% 及 1990 年的 13.9%，并且电子、电气机械和仪器制造等行业的进口投入比例要高于其他行业。Campa 与 Goldberg 计算了美国、英国、加拿大和日本制造业中进口中间产品占总中间产品比例状况。结果表明，美国、英国和加拿大进口中间产品占总中间产品的比例都有显著增长。他们发现，虽然美国与加拿大、英国相比，其进口投入品比例处于较低水平，但它在 1975 年至 1995 年间制造业的该比例翻了一番；加拿大、英国在 1993 年时均有超过 20% 的投入品来源于海外。Hummels et al.（2001）采用投入产出法研究了 10 个 OECD 国家和爱尔兰、韩国、台湾与墨西哥新兴市场国家，发现上述国家 21% 的出口是外包贸易，该比例在 1970 到 1990 之间上升了大约 30%。而这些国家与地区的贸易占世界贸易总额的五分之三，由此可见中间品贸易在目前世界贸易中的份额与增长速度。表 3-1 中的数据表明，1992 年至 2003 年间，东亚地区占世界零部件出口贸易的比重由 30.6% 上升至 42.7%，其中发展中国家和地区所占比重由 15.8% 上升至 31.5%，日本作为该地区最重要的经济体，虽然占世界零部件出口贸易的比重由 14.9% 下降至 11.2%，但就东亚地区整体而言，其零部件贸易规模仍然呈现出迅速扩张的趋势（进口贸易数据与出口贸易数据大体呈相同趋势）。而同期北美自由贸易区和欧盟的零部件贸易占世界贸易比重均出现不同程度的下降，这说明欧美企业已经将零部件产品的生产大规模转移到了东亚地区。

目前中国进口贸易结构中，中间投入品的占比是相当高的，以 1997 年和 2002 年为例，中间投入品（半成品和零部件）进口占总进口比重均达到 60% 以上（Gaulier，2002）。Naughton（1996）也对中国的中间品贸易程度作了测量，发现中国的中间品进口占进口的比例在 1988 年大约是 0.25，而到 1994 年上升到 0.41。他认为这充分表明，中国在 1980 年代早期将为生产出口商品而进口投入品的关税放开后，中国的中间品贸易经历了非常明显的增长。陈晓红、胡小娟从 UN Commodity Trade Statistic Database 获得我国进出口商品中间产品数据，并计算出从 1995 年到 2005 年我国中间产品进口占当年进口总额的比重在 50%~70% 之间，出口占当年出口总额的比重约 30%~40%。可见中间产品的进出口已成为我国进出口商品的重要组成部分（陈晓红、胡小娟，2007）。

表3-1 1992~2003年各国（地区）零部件贸易占世界贸易的比重（%）[①]

国家/地区	出口			进口			贸易平衡		
	1992	1996	2003	1992	1996	2003	1992	1996	2003
东亚	30.6	38.3	42.7	25.5	32.8	41.5	23.9	11.0	3.1
日本	14.9	15.5	11.2	3.4	4.7	4.4	78.8	68.4	60.7
发展中东亚	15.8	22.8	31.5	22.1	28.0	37.1	-27.9	-28.1	-17.4
中国	0.8	1.7	5.7	2.6	2.9	10.1	-191.7	78.5	-76.9
中国香港	3.1	0.9	6.0	3.8	4.6	6.3	-10.9	-408.9	-5.1
韩国	2.5	3.8	4.1	3.0	3.3	3.4	-7.5	10.5	18.3
中国台湾	2.9	4.5	3.2	3.0	2.8	5.3	3.2	36.0	-65.4
东盟自由贸易区（AFTA）	6.4	11.8	12.5	9.6	14.5	12.0	-37.7	-27.8	4.3
印度尼西亚	0.1	0.3	0.4	0.9	0.9	0.3	-517.5	-259.3	27.5
马来西亚	2.2	3.4	3.2	2.7	3.8	3.5	-9.5	-16.0	-7.9
菲律宾	0.2	1.2	2.0	1.1	1.5	1.8	-144.3	-24.0	8.1
新加坡	2.9	5.6	5.4	3.9	6.0	4.7	-22.9	-10.3	12.2
泰国	0.9	1.2	1.5	1.7	2.3	1.6	-65.1	-89.5	-9.2
越南	0.0	0.0	0.1	0.0	0.1	0.1	-1275.0	-371.7	-155.6
北美自由贸易区（NAFTA）	25.4	24.0	21.5	25.5	25.8	22.3	8.2	-11.8	-3.2
美国	20.4	18.7	16.3	17.6	17.7	14.4	21.0	1.7	11.9
加拿大	3.5	3.3	2.6	5.9	5.2	4.0	-53.3	-61.2	-54.1
墨西哥	1.5	1.9	2.7	2.0	2.9	3.9	-21.0	-58.2	-46.7
欧盟（EU）	43.0	38.0	32.2	43.4	33.8	30.2	7.7	7.6	6.4

*贸易平衡=（出口总额-进口总额）占出口总额的百分比

从本质上看，加工贸易是利用国外零部件和其他资源在本国进行加工、制

[①] 陈建，杜薇：《东亚国际生产网络与中国的政策选择》，《教学与研究》2007年第12期，第14~20页。

造、装配，然后将产品销往国外而发生的贸易，对发展中国家来说，融入产品内国际分工与全球生产网络的主要方式就是加工贸易。所以加工贸易对形成当前这种贸易格局的发展起十分重要的作用。将加工贸易置于全球生产网络的背景之下进行考察，我们可以发现：（1）加工贸易是全球生产网络分工的典型表现型态，中国正是通过加工贸易嵌入全球生产网络体系成为世界制造大厂。（2）不同加工贸易企业在全球生产网络中所从事的价值环节和增值活动及其在网络中的角色（如低层级供应商、合同制造商、高层级供应商等）不同而且经常处于变化之中。加工贸易与全球生产网络下的中间品贸易存在着相生相伴的关系，加工贸易的快速发展是全球生产网络形成和不断延伸的结果。Deniz Unal – Kesenci（2006）将中国加工贸易进口进一步细分为初级产品、中间产品（零部件和半成品）、最终产品（消费品和资本品），根据2003年中国海关统计数据，计算出2003年加工贸易进口中的80%为中间产品，2%为消费品，5%为初级产品，13%为资本品。根据这个比例进一步计算，2003年中间产品进口中的60%被用于加工贸易。因此，中间产品贸易进口和加工贸易有着休戚相关的关系，对加工贸易效应的研究很大程度上能够反映中间产品的效应问题。

从加工贸易的总量规模来看，1995年～2011年间，中国的加工贸易从1300.7亿美元增长到8354亿美元，增长6倍多，占全国外贸进出口总额比重为44%。见图3–4、3–5。

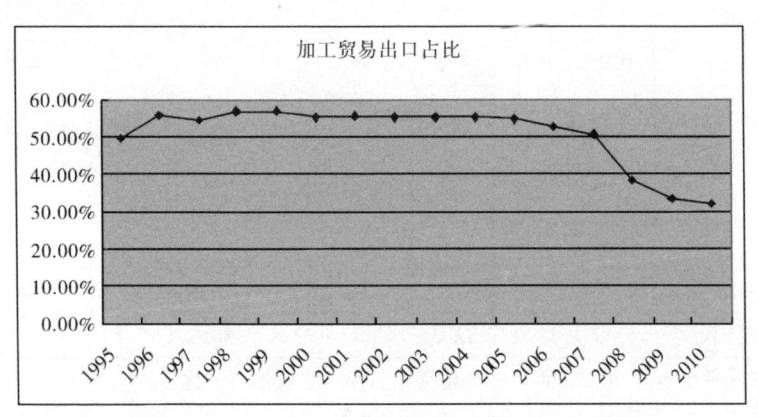

图3–4 1995～2010年中国加工贸易出口占比[1]

---

[1] 根据2000年～2011年《中国统计年鉴》计算。

加工贸易进口占比

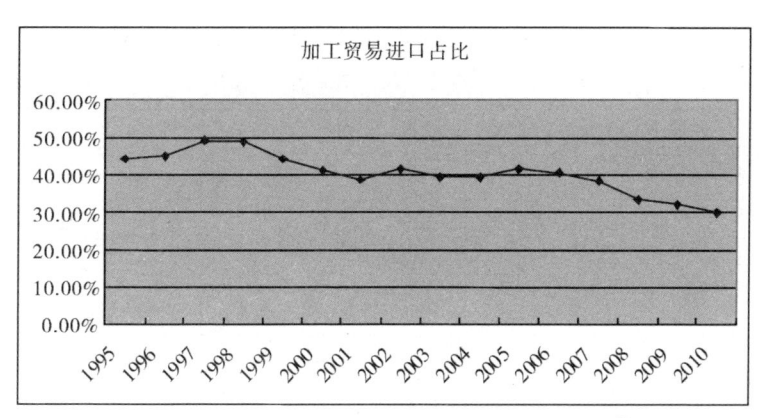

图3-5 1995~2010年中国加工贸易进口占比①

其中,广东、江苏、上海、山东、浙江、天津、福建、辽宁和北京是中国加工贸易进出口前九强省市。这九个省市的加工贸易进出口占全国加工贸易进出口的情况见表3-2、3-3。

表3-2 广东、江苏、上海、山东、浙江、天津、福建、
北京和辽宁加工贸易出口占比② 单位:%

年份	广东	江苏	上海	山东	浙江	天津	福建	辽宁	北京
1999	54.47	8.89	18.47	5.53	2.56	3.88	4.92	4.39	4.07
2000	52.15	11.05	19.57	5.81	2.89	3.81	4.61	4.26	3.94
2001	51.89	9.26	19.64	6.03	3.15	4.08	4.51	4.09	4.57
2002	51.80	11.82	18.54	5.62	2.80	4.33	4.64	3.79	4.24
2003	48.89	15.13	20.16	5.12	3.01	3.78	4.40	3.29	3.70
2004	44.40	17.37	22.88	5.29	3.42	4.27	4.44	2.90	2.91
2005	42.04	19.70	24.23	5.43	3.89	4.26	3.89	2.83	1.47
2006	40.83	20.79	24.90	5.37	4.43	4.19	3.48	2.63	1.87

① 同上
② 根据2000年~2007年《中国统计年鉴》以及各地统计年鉴计算。

表3-3 广东、江苏、上海、山东、浙江、天津、福建、北京和辽宁加工贸易进口占比 单位:%

年份	广东	江苏	上海	山东	浙江	天津	福建	辽宁	北京
1999	57.15	7.32	16.11	5.21	2.22	5.39	4.78	5.07	2.95
2000	53.34	10.63	18.37	5.5	2.39	5.32	4.51	4.30	3.04
2001	53.68	9.98	18.17	5.95	2.63	4.69	4.32	4.48	3.48
2002	53.64	13.00	17.11	5.03	2.10	4.33	3.99	3.83	3.26
2003	49.67	17.83	18.28	4.86	2.44	3.36	3.54	3.26	2.69
2004	44.17	21.50	19.31	4.77	2.99	3.61	3.36	2.96	2.55
2005	42.71	23.68	19.82	4.91	2.95	3.34	3.09	2.87	1.44
2006	42.84	23.02	19.28	4.88	3.17	3.58	2.87	2.93	1.76

表3-4,3-5分别是广东、江苏、上海、山东、浙江、天津、福建、北京和辽宁等省市加工贸易出口、加工贸易进口占本省市出口贸易总额、进口贸易总额的比重。由此可以知道,加工贸易一直是这九个省市的重要贸易方式。

表3-4 九省市加工贸易出口占本省市出口贸易总额比重① 单位:%

年份	广东	江苏	上海	山东	浙江	天津	福建	辽宁	北京
1999	80.16	53.90	47.07	53.24	22.20	69.11	56.13	67.78	64.56
2000	81.03	53.01	44.61	51.92	20.79	62.60	52.77	69.85	67.43
2001	82.71	52.73	44.06	49.62	20.54	64.80	51.45	79.40	61.25
2002	81.67	55.35	42.16	48.42	17.48	69.13	53.05	76.73	69.93
2003	80.90	61.99	44.89	47.29	17.80	66.36	54.48	82.10	72.31
2004	80.18	65.16	48.85	49.83	19.60	69.27	53.90	77.80	79.44
2005	77.61	66.96	50.21	50.05	21.57	66.87	51.95	77.68	76.81
2006	73.51	66.87	50.50	48.62	23.37	66.99	47.98	71.62	71.54
2007	71.56	65.38	49.48	49.49	22.54	65.92	45.07	68.38	49.44
2008	71.23	61.35	47.91	49.13	20.00	57.42	44.41	77.33	47.88
2009	69.41	64.42	49.32	54.28	18.73	61.57	39.48	64.12	58.10
2010	67.07	63.43	48.41	52.30	18.29	62.36	38.68	62.02	54.98

① 根据2000年~2011年《中国统计年鉴》以及各地统计年鉴计算。

表3-5 九省市加工贸易进口占本省市进口贸易总额比重① 单位:%

年份	广东	江苏	上海	山东	浙江	天津	福建	辽宁	北京
1999	77.88	57.65	56.83	53.23	42.12	79.29	68.62	63.34	24
2000	73.33	59.46	55.46	54.23	37.05	76.62	67.40	62.37	24
2001	71.66	58.58	53.14	53.21	35.32	72.84	65.34	62.41	24
2002	74.05	64.51	55.90	52.31	31.53	69.55	66.37	66.02	24
2003	72.46	69.09	57.57	56.72	31.28	62.34	61.18	60.07	24
2004	72.97	72.04	61.08	59.59	38.46	65.84	60.45	57.80	24
2005	74.45	75.54	63.65	66.24	39.24	65.79	61.39	57.84	23
2006	75.00	77.13	64.58	42.78	43.97	64.96	61.29	60.72	24
2007	73.64	75.30	62.62	42.13	39.84	55.91	57.07	56.78	14.40
2008	70.50	72.03	60.16	37.06	26.43	51.99	56.69	51.53	10.98
2009	64.70	67.66	53.60	36.20	21.49	46.72	48.47	52.41	14.09
2010	64.05	65.88	53.72	30.58	21.59	45.11	48.39	48.56	11.27

注：此表加工贸易包括来料加工、来件装配、进料加工和中小型补偿贸易。其中北京2006年以前的数据为估计数。

从企业性质来看，外资企业与民营企业是中国开展加工贸易的主体。Matsunaga（2006）的研究认为，外资的流入往往伴随着该国中间产品出口的增加。外商投资企业在加工贸易中的比重由1995年的59.9%大幅提高到2010年81.6%，其中大型跨国公司在加工贸易中的比重迅速提高。见表3-6。

表3-6 1995~2010年各类企业在加工贸易进出口总值中所占的比例②

（单位:亿美元;%）

年份	合计	外资企业 金额	外资企业 比重	国有企业 金额	国有企业 比重	民营企业 金额	民营企业 比重
1995	1320.7	791.2	59.9	512.9	38.8	16.6	1.3
1996	1466.0	945.7	64.5	499.5	34.1	20.8	1.4
1997	1698.1	1114.9	65.7	556.0	32.7	27.1	1.6

---

① 根据2000年~2011年《中国统计年鉴》以及各地统计年鉴计算。
② 根据海关统计资料整理计算 www.customs.gov.cn

续表

年份	合计	外资企业		国有企业		民营企业	
		金额	比重	金额	比重	金额	比重
1998	1730.4	1174.4	67.9	526.1	30.4	29.9	1.7
1999	1844.6	1272.1	69.0	537.1	29.1	35.4	1.9
2000	2302.2	1657.8	72.0	590.7	25.7	53.7	2.3
2001	2414.3	1769.0	73.3	570.9	23.6	74.4	3.1
2002	3021.7	2287.6	75.7	634.0	21.0	100.1	3.3
2003	4047.8	3220.3	79.6	631.2	15.6	196.3	4.8
2004	5497.4	4500.2	81.9	712.46	13	284.8	5.2
2005	6905.1	5778.7	83.7	760.3	11	366.1	5.3
2006	8318.27	7055.5	84.8	976.52	11.7	286.25	3.4
2007	9861	8273.379	83.9	1281.93	13	305.691	3.1
2008	10536	8923.992	84.7	1158.96	11	453.048	4.3
2009	9093	7529.004	82.8	1063.881	11.7	500.115	5.5
2010	11577	9446.832	81.6	1458.702	12.6	671.466	5.8

从贸易对象和贸易结构来看，中国以加工贸易融入全球生产网络形成了典型的三角贸易，即中国和 ASEAN 等发展中国家从日本和 NIEs 等相对发达的国家和地区进口资本密集型中间产品，经过加工和组装后，再将最终产品出口到北美和欧洲等外部市场的特殊贸易模式。

表 3-7　1992~2003 年各地区零部件贸易的主要流向[①]　　　　　　单位:%

		东亚	日本	发展中东亚	中国（含香港）	AFTA	NAFTA	EU
东亚	1992	50.9	14.5	36.4	11.8	19.7	30.3	14.8
	1996	55.7	15.4	40.3	11.2	23.6	27.3	13.8
	2003	67.3	13.8	53.5	23.9	22.7	17.4	11.5

---

① 陈建，杜薇：《东亚国际生产网络与中国的政策选择》，《教学与研究》2007 年第 12 期，第 14~20 页。

续表

		东亚	日本	发展中东亚	中国（含香港）	AFTA	NAFTA	EU
日本	1992	29.6	0.0	29.6	6.3	16.2	38.7	16.3
	1996	39.1	0.0	39.1	9.0	22.3	35.2	12.7
	2003	50.5	0.0	50.5	22.2	19.2	23.8	11.6
发展中东亚	1992	60.8	22.7	38.0	14.5	20.4	22.9	12.8
	1996	60.3	21.7	38.6	11.7	22.8	22.4	13.6
	2003	69.5	17.3	52.2	23.7	22.5	15.0	11.1
中国（含香港）	1992	33.9	15.8	18.0	4.8	7.1	24.5	41.0
	1996	41.3	15.9	25.4	5.6	10.6	25.5	33.1
	2003	50.4	12.7	37.7	13.5	13.0	20.5	28.3
东盟自由贸易区（AFTA）	1992	54.9	21.8	33.0	5.3	24.5	23.8	13.0
	1996	56.0	19.7	36.3	5.9	26.5	21.6	13.4
	2003	59.8	14.4	45.4	13.9	26.6	17.1	11.2
北美自由贸易区（NAFTA）	1992	26.4	13.9	12.5	2.3	7.1	44.5	16.2
	1996	31.2	13.4	17.8	3.0	10.1	41.5	15.1
	2003	29.3	9.0	20.3	6.6	9.8	45.0	13.8
欧盟（EU）	1992	8.7	4.1	4.6	1.3	2.6	10.5	64.6
	1996	12.3	4.3	7.9	1.8	4.6	12.2	57.7
	2003	13.2	3.3	9.9	4.1	4.5	10.6	50.9

表3-7列出了1992年到2003年间东亚、北美自由贸易区和欧盟等主要经济区域的零部件贸易基本流向。通过分析可以看出，东亚区域内零部件贸易的比重已经由1992年的50.9%上升至2003年的67.3%，其中中国（包括香港在内）、发展中东亚与发达东亚经济体间的零部件贸易比重都上升较快。这说明东亚地区的国际生产网络正在不断扩张和成长中。日本和韩国的跨国公司对东亚发展中国家的大规模直接投资以及中国作为全球制造业生产基地的出现是导致三角贸易模式形成的根本原因，三角贸易模式导致的直接后果，就是东亚发展中国家尤其是中国在区域内对日韩等国表现为贸易逆差，而对北美和欧洲则表现为巨额的贸易顺差。

第三节　小结

本章分析了全球生产网络生产者驱动型和购买者驱动型两种分工模式，以跨国公司或领导厂商为主体，纳入各个层次的供应商，形成在多国或多区域实行高度专业化分工和协调的生产网络，这是最大限度追求全球资源整合效率的结果。毫无疑问，中国已经深度地参与到新的国际分工体系中，这可以从中国对外贸易结构的重大变化中看得很清楚。加工贸易已经成为中国进出口贸易的主体形式。然而，全球生产网络对中国经济的影响又是非常复杂的，在为中国经济高速增长创造有利机遇的同时，又给中国经济长期协调发展带来了许多复杂因素，这其中国内不断扩大的收入分配，尤其是相对工资差距值得高度关注。

第四章

中间品贸易结构影响相对工资理论模型

国际贸易的经典理论均假设各国要素禀赋的初始水平给定,且劳动力同质(可以在部门间自由流动)、技术水平不变,因此,基于此发展起来的要素价格均等化定理、Stolper – Samuelson 定理和要素含量分析法等本质上都是静态的。中间品贸易对价格和要素分配的影响是不能用标准模型解释的(以 H – O 理论为基础的标准贸易模型假设最终出口的产品是完全采用国内的中间品生产的)。一方面,各个国家所处的生产环节不同对相对工资会造成影响;另一方面,中间品价格的变化,各个环节市场结构和行业属性的不同也会对相对工资造成影响。本节建立模型分析全球网络分工体系下中国的中间品贸易模式对技术劳动者和非技术劳动者的劳动需求弹性的改变进而对工资差距的影响。

第一节 基于发达国家的外包理论模型

我们先来看 Feenstra&Hanson(2003)的模型。考虑由北方国家和南方国家组成的世界经济,每个国家 i 有给定的禀赋:资本(K_i),技术劳力(H_i),非技术劳力(L_i),r_i,q_i,w_i 分别是资本报酬,技术劳力工资,非技术劳力工资。假设不存在国际要素流动,相对要素禀赋为:$r_s > r_N, q_s/w_s > q_N/w_N$。指数 $z \in [0,1]$ 表示一个产业从研发、生产、营销到售后服务等工序。将这些工序按技术含量从低到高排列(按单位产量所需的技术/非技术劳动力比例从小到大排列)。z 从 0 到 1 的排列顺序表明,z 是 $a_H(z)/a_L(z)$ 的非递减函数。如果用 $x(z)$ 表示 z 工序的产量,$a_H(z)$ 和 $a_L(z)$ 表示生产单位 $x(z)$ 所需要的技术劳动力和非技术劳动力。

基本假设:

(1)短期内,假定要素价格 w,q,r 不变,因此单位成本函数 $c(w,q,r,z)$ 只是所涉及产业工序 $z \in [0,1]$ 的函数,并假定 z 是连续的;

(2)为简单起见,假定本国的单位成本曲线是线性递增函数,即在图 4 – 1

中曲线是向右上方倾斜的直线；

（3）南方国家非技术劳动充裕，北方国家技术劳动和资本禀赋充裕，因此北方国家技术劳动的相对工资和资本的收益率都低于南方国家，即 $r_s > r_N, q_s/w_s > q_N/w_N$；

投入品生产函数如下：

$$x(z) = \left[\min\left\{\frac{L(z)}{a_L(z)}, \frac{H(z)}{a_H(z)}\right\}\right]^\theta = [K(z)]^{1-\theta} \tag{1}$$

$L(z), H(z), K(z)$ 分别是生产投入品 z 中非技术劳力，技术劳力以及资本的数量。最终产品 Y 的 Cobb – Douglas 生产函数为：

$$lnY = \int_0^1 a(z) lnx(z) dz \tag{2}$$

其中南北方国家投入品的贸易模式取决于投入品的单位生产成本。生产单位 x 的最低成本为：

$$c(w_i, q_i, r_i, z) = B[w_i a_L(z) + q_i a_H(z)]^\theta r_i^{1-\theta} \tag{3}$$

其中 B 为常数。假定固定要素价格 $\partial H_i(q_i/w_i, v_i)/\partial(q_i/w_i) \geq 0$ 是 z 的连续变量。北方、南方国家的最低生产成本曲线为 $C_N C_N, C_S C_S$，要素市场出清，技术劳力和非技术劳力之间存在流动（如通过教育或培训，非技术劳力可以成为技术劳力）。

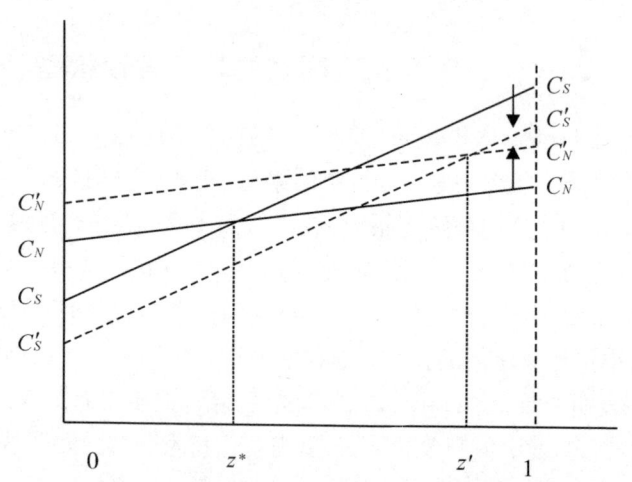

图 4 – 1 从北方国家向南方国家外包的成本曲线①

---

① Feenstra R. C., *Advanced International Trade*: *Theory and Evidence*, Princeton University Press, 2003. http://www.econ.ucdavis.edu/faculty/fzfeens/textbook.html.

z^* 是贸易均衡点,即

$$c(w_s, q_s, r_s, z^*) = c(w_N, q_N, r_N, z^*) \tag{4}$$

由于南方国家在非技术劳力的投入品生产具有比较优势,北方国家在技术劳力的投入品生产具有比较优势,z^* 的左边 $C_S C_S$ 在 $C_N C_N$ 的下方,南方国家生产的投入品 $z \in [0, z^*)$;z^* 的右边,$C_S C_S$ 在 $C_N C_N$ 的上方,北方国家生产投入品 $z \in (z^*, 1]$。我们假设 $r_s k_s = [w_s L_s + q_s H_s](1-\theta)/\theta, \partial H_i(q_i/w_i, v_i)/\partial(q_i/w_i) \geqslant 0$, v_i 是劳动力供给的外生变量。根据谢泼德引理,每种要素的需求是由(3)式对价格的差分得到,要实现劳动力市场出清,即

$$L_S(q_s/w_s, v_s) = \int_0^{z^*} B\theta \left[\frac{r_s}{w_s a_L(z) + q_s a_H(z)} \right]^{1-\theta} a_L(z) x_s(z) dz \tag{5}$$

$$H_S(q_s/w_s, v_s) = \int_0^{z^*} B\theta \left[\frac{r_s}{w_s a_L(z) + q_s a_H(z)} \right]^{1-\theta} a_H(z) x_s(z) dz \tag{6}$$

南方国家资本充分就业由(1)式定义,资本报酬为国民收入份额的 $1-\theta$:

$$r_s r_N(H_i/L_i) = \frac{\int_0^{z^*} \left[\frac{a_H(z) a(z) E}{w_s a_L(z) + q_s a_H(z)} \right] dz}{\left[\frac{a_L(z) a(z) E}{w_s a_L(z) + q_s a_H(z)} \right] dz} \tag{7}$$

同样地,我们可以得到北方国家的(4)~(7)式。要素价格和均衡点 z^* 是外生变量 $K_i, V_i (i = N, S)$ 的函数,即

$$z^* = F(K_S, K_N, V_S, V_N) \tag{8}$$

为解释资本流动和外包对相对工资和就业变化的影响,首先得定义技术和非技术劳力的相对需求。南方国家技术劳力的相对需求:

$$D_s(q_s/w_s, z^*) = \frac{\int_0^{z^*} \left[\frac{a_H(z) a(z) E}{w_s a_L(z) + q_s a_H(z)} \right] dz}{\left[\frac{a_L(z) a(z) E}{w_s a_L(z) + q_s a_H(z)} \right] dz} \tag{9}$$

同理可得北方国家技术劳动的相对需求。

由此,Feenstra&Hanson(1996)证明了技术劳力的相对需求不论在北方国家还是南方国家都是增长的,即 z^* 增长。北方国家向南方国家转移的投入品在增长。南方对技术劳力的相对需求在增长,生产的投入品是趋向于技术密集型的。随着北方国家向南方国家外包的增长,从(7)式可知,r_s 降低,r_N 提高了。$C_S C_S$ 向下移动,$C_N C_N$ 向上移动。z^* 的增长表明(8)式的函数 $z^* = F(K_S, K_N, V_S, V_N)$ 中 K_S/K_N 增加。南方国家相对资本集中提高了两国对技术劳力的需求、提

高了技术劳力相对工资水平，在相对劳力供给不存在垂直时，对技术的相对就业影响是正面的。尽管贸易使得国内工资差距拉大，但非技术劳动的绝对工资有可能上升，而且南方中间投入品供应增加降低了价格，对贸易双方都有好处。

传统贸易理论的 H－O 假设劳动力不同质，因此，只能得出本国某种要素的相对收入增加（减少），外国的则减少（增加），两者是相对的，要素价格具有均等化趋势。而中间品贸易模型假设劳动力具有差异（如上下游生产环节与零部件所使用的劳动力素质是不同的，技术劳动力如同特定要素一样，具有资产专用性的特点，而非技术劳动力一般短时间内不可能转移到技术密集的产品生产中去），流动是受限制的。基于此建立模型解释工资差距的影响与传统 H－O 理论结论并不相同：既提高了中间品进口国家（欧美等发达国家）技术型劳动的相对工资，同时也可以提高中间品出口国家（中国、印度等发展中国家）的技术型劳动的相对工资。这是因为发达国家将非技术劳动力密集的生产环节外包给发展中国家，本国专注生产技术劳动力密集的生产活动，进而相对减少了对非技术劳动力的需求。发展中国家承接非技术劳动力密集生产环节相对于自身来说是技术劳动力密集型的生产环节，因而相对地增加了技术劳动力的需求（如美国人力资本投入较高，如果把技术劳动收入高出非技术劳动部分资本化，并同有形资本相加，美国外包给中国的劳动密集型生产环节其技术密集度就有可能高于承接国）。

第二节 基于发展中国家的网络分工模型

以上基于发达国家外包的视角构建中间品贸易对相对工资影响的模型，仅考虑从发达国家进口中间投入品、发展中国家进行组装生产并出口的情况，并且把中间投入品理解为技术含量高的技术密集型产品。中国以加工贸易融入全球生产网络体系，其承接外包的生产环节具有不同的行业特征，中间投入品进口价格的变化等都会对相对工资产生影响。因此，在全球生产网络的框架内根据不同的行业特征和中间品价格的变化来分析中国贸易与国内相对工资的关系更有意义。

我们假设任一行业内产品生产有三个环节：非技术劳动力密集型的生产投入 y_1；技术劳动力密集型的生产投入 y_2，以及将这两种中间投入品组合成最终产品。根据生产成本的最优化，三种经济行为可以放置在全球各个区域或国家。

假设生产投入 y_i, $i=1,2$, 所需生产要素为: 技术劳动力 H_i, 非技术劳动力 L_i 和资本 K_i, 其凹型线性生产函数为:

$$y_i = f_i(L_i, H_i, K_i), i=1,2 \qquad (1)$$

譬如, 非技术劳动密集型的生产投入 y_1 指的生产加工组装部分, 技术劳动密集型的投入 y_2 指的是研发、市场营销、售后服务。两种投入品都用于生产最终产品。以中国为例, 假设 $x_1 > 0$ 表明出口投入品 1, $x_2 < 0$ 表明进口投入品 2。假设出口投入品的价格固定, 进口投入品 x_2 的价格为 p。于是, 最终产品的生产函数为 $Y_m = F_m(L_m, H_m, K_m)$, 生产最终产品所需各要素总量为:

$$L_1 + L_2 = L_m, H_1 + H_2 = H_m, K_1 + K_2 = K_m \qquad (2)$$

在完全竞争条件下, 可以在 (1) 和 (2) 的条件下有最优产出:

$$F_m(=L_m, H_m, K_m, P_m, P) = \overset{max}{x_i, L_i, H_i, K_i} P_m f_m(y_1 - x_1, y_2 - x_2) + px_1 + x_2 \qquad (3)$$

subject to (1), (2),

P_m 是最终产品的价格, p 是进口中间投入品的价格。由于中国产品内贸易并不一定平衡, 即 $px_2 + x_1 \neq 0$。(3) 式可看作该行业的增加值, 即名义产出 (包括出口 x_1) 减去中间投入品成本 px_2。

$$Y_m = F_m(L_m, H_m, K_m, 1, P/P_m) \qquad (4)$$

上述生产函数可以衡量产出 Y_m 以及净出口。假设 F_m 相对于 (L_m, H_m, K_m) 是递增和拟凹的, 则生产函数 $f_i = (i=1,2,m)$ 也是递增和拟凹的。首先定义短期成本函数, 即资本和产出水平都是固定的:

$$C_m(w,q,K_m,Y_m,P/P_m) \equiv \overset{min}{L_m, H_m} wL_m + qH_m \quad s.t. (4) \qquad (5)$$

其中 w 是非技术工资, q 是技术工资。

其次定义长期成本函数, 即劳动力和资本可以根据产出来达到最优配置:

$$C_m(w,q,r,Y_m,P/P_m) \equiv \overset{min}{L_m, H_m, K_m} wL_m + qH_m + rK_m \quad s.t. (4) \qquad (6)$$

r 是资本利率。

由此, 我们可以定义各生产环节 $i=1,2$ 达到最优配置的长期成本函数:

$$C_i(w,q,r,Y_i) \equiv \overset{min}{L_i, H_i, K_i} wL_i + qH_i + rK_i \quad s.t.(1), i=1,2. \qquad (7)$$

我们可以定义行业内长期成本函数如 (7) 式是线性, 一次齐次的。即 $C_i(w, q, r, Y_i) \equiv Y_i c_i(w,q,r)$, $c_i(w,q,r)$ 是单位成本函数 (即边际成本或平均成本)。根据生产环节 1 和生产环节 2 的零利润条件, 我们可以得到:

$$1 = c_1(w,q,r) \qquad P = c_2(w,q,r) \qquad (8)$$

不同的生产环节 $i=1,2$ 根据最小成本化原则选择在不同的国家或区域生

45

产 y_i。对(8)式全微分,中间品进口价格变化率 $\hat{P}$ 是 $\hat{w},\hat{q},\hat{r}$ 的函数:

$$0 = \theta_{1L}\hat{w} + \theta_{1H}\hat{q} + \theta_{1K}\hat{r}, \hat{P} = \theta_{2L}\hat{w} + \theta_{2H}\hat{q} + \theta_{2K}\hat{r} \tag{9}$$

其中,θ_{ij} 是生产环节 i 中要素 j 的成本占比,$\Sigma_j\theta_{ij} = 1$。由(9)式不能得出三个未知的要素变化 $\hat{w},\hat{q},\hat{r}$。由此,我们作出以下讨论:

假设1:生产环节1、2的资本使用成本比例相等,中间品进口价格提升。

$$\hat{P} = (\theta_{2L} - \theta_{1L})\hat{w} + (\theta_{2H} - \theta_{1H})\hat{q} \tag{10}$$

由于 $\theta_{1K} = \theta_{2K}$,各生产环节的劳动力成本份额相等,$\theta_{1L} + \theta_{1H} = \theta_{2L} + \theta_{2H} \Rightarrow (\theta_{1L} - \theta_{2L}) = (\theta_{2H} - \theta_{1H})$,生产环节1是非技术劳动力密集的,即 $\theta_{1L} - \theta_{2L} > 0$,当中间品进口价格提升,$\hat{P} > 0,\hat{w} - \hat{q} = \hat{P}/(\theta_{2L} - \theta_{1L}) < 0$,即非技术劳动力工资水平与技术劳动力工资水平的比率是下降的。它表明,该类中间投入品的进口所产生的技术劳动者生产效应,会使技术劳动者的相对工资上升。

假设2:生产环节1、2的资本使用成本比例相等,中间品进口价格下降。

当中间品进口价格下降,$\hat{P} < 0,\hat{w} - \hat{q} = \hat{P}/(\theta_{2L} - \theta_{1L}) > 0$,即非技术劳动力工资水平与技术劳动力工资水平的比率是上升的。它表明,该类中间投入品的进口所产生的技术劳动者替代效应,会使技术劳动者的相对工资降低。

假设3:中间品进口价格不变,技术劳动力的生产环节属于资本密集行业。

$\theta_{1L} - \theta_{2L} > 0, \theta_{1K} - \theta_{2K} < 0, \theta_{2H} - \theta_{1H} > 0$,同时,中间品进口价格不变,即 $\hat{P} = 0$。短期内,相对我国庞大劳动力供给数量,资本依旧是稀缺资源,$\hat{r} > 0$。

$$\hat{w} = -\hat{r}(\theta_{2H}\theta_{1K} - \theta_{1H}\theta_{2K})/(\theta_{1L}\theta_{2H} - \theta_{1H}\theta_{2L}),$$

$$\hat{q} = \hat{r}(\theta_{2L}\theta_{1K} - \theta_{1L}\theta_{2K})/(\theta_{1L}\theta_{2H} - \theta_{1H}\theta_{2L}),$$

$$\hat{w} - \hat{q} = -\hat{r}(\theta_{1K} - \theta_{2K})/(\theta_{1L}\theta_{2H} - \theta_{1H}\theta_{2L}) > 0.$$

从而技术劳动力的相对工资降低。

长期内,由于资本的不断流入,实际利率水平下降,$\hat{r} < 0$。即 $\hat{w} - \hat{q} = -\hat{r}(\theta_{1K} - \theta_{2K})/(\theta_{1L}\theta_{2H} - \theta_{1H}\theta_{2L}) < 0$,从而技术劳动力的相对工资提升。资本价格的低廉可推动更多的投资和技术创新,相应地促进更多的技术劳动力就业增长,从而带动技术工资的上涨。

假设4:中间品进口价格不变,技术劳动力的生产环节属于非资本密集行业。

根据假设,技术劳动力的生产环节若属于非资本密集行业,则难以判断 $\theta_{1K} - \theta_{2K}$ 的符号。一般地,技术密集型或人力资本密集型行业也是资本密集型行业,命题 3 的情况可以适用在技术密集型行业(指在生产过程中,对技术和智力要素依赖大大超过对其他生产要素依赖的行业。如微电子与信息产品制造业)。对于劳动密集型制造业(指在生产单位产品中的劳动力要素成本占比超过其他要素,如纺织、服装、玩具、皮革、家具等),由于中间品进口价格不变和资本价格下降,发展中国家内的加工环节一般是非技术密集环节的,其劳动密集型制造企业规模的扩大将带动技术、非技术劳动力就业,有利于两者工资的上涨,从而相对工资的净效应难以判断。

因为本文所讲的是相对工资的提高,可能是两种劳动的工资都有所提高,但是技术劳动的工资提高的快一些。理论上可以认为,由于各个厂商都从全球各地寻找最低成本,最终产品的价格必然是随着生产成本的降低也有所降低的,所以即使是非技术型劳动的相对工资降低了,他们也会因为最终产品价格的降低而不会遭受福利损失。即实际收益可能是增加的。进一步地,两者工资的上升弹性受最终产品生产的供给弹性与劳动的需求弹性而定。

第三节 小结

Feenstra 以发达国家视角解释了中间品贸易,即进口非技术密集生产环节的中间品,出口技术密集生产环节中间品,会扩大国内技术劳动力的相对工资,原因在于中间品贸易使得本国更专注于技术密集型生产环节。中国以加工贸易方式参与全球生产网络,根据以中间投入品为分析对象的模型,技术劳动力和非技术劳动力的相对工资比率究竟是上升还是下降并不确定。劳动者的需求弹性受中间投入品的生产效应、替代效应和行业效应的影响。当中间品进口价格提升,该类中间投入品的进口所产生的技术劳动者生产效应,会促进关联生产环节和关联企业的生产,相应地提高对技术劳动力的需求,扩大相对工资差距。当中间品进口价格下降,会产生替代效应,使得对技术劳动者的需求减少,导致技术劳动者和非技术劳动者的相对工资差距缩小。同时,最终产品的不同行业属性会导致不同的结果,若技术劳动力的生产环节属于资本密集行业,则相对工资差距扩大。若技术劳动力的生产环节属于非资本密集行业,也会对相对工资水平造成影响,但理论上难以确定净效应。

第五章

全球生产网络治理模式与工资差距

全球生产网络的治理是指价值链的组织结构、权力分配,以及价值链中各行为主体之间的关系协调。跨国公司在不同的治理模式下扮演着全球生产和交换的"组织者"角色。而且不同治理模式下的利益分配机制各不相同。世界贸易组织(1998)年度报告以"美国小汽车"的生产过程形象地描述了这一现象。一辆所谓的"美国产小汽车"的价值可以进行如下分配:韩国负责进行装配,获取30%的价值;日本负责配件和高级技术,获取17.5%的价值;德国负责设计,获取7.5%的价值分配;中国台湾地区与新加坡负责小零件的生产,获取4.0%的价值;英国负责广告和营销,获得2.5%的价值;爱尔兰和巴巴多斯岛负责数据处理,获得1.5%的价值;名义上的生产者——美国获得37%的价值。一国在全球网络分工体系的位置和利益分配将影响国内的工资收入,从而影响一国的相对工资水平。本节运用全球生产网络的治理模式,针对各自代表的典型行业,如玩具、纺织服装、电子通信、汽车和机电等行业,解释不同治理模式下,中国嵌入网络的价值分配机制以及升级的速度和变化对相对工资水平影响的传导机制和传导效应。

第一节 全球生产网络的治理模式

全球生产网络的治理模式丰富了企业间各种形态的交易方式,证实了企业和市场之间存在更为复杂的中间状态的组织形式。Humphrey(2000)提出了四种价值链的治理模式,即:市场,网络,准层级制和层级制。Sturgeon and Lee(2001)在其国家生产模型的基础上区分了三种全球生产网络:领导型、关系型和模块型。Gereffi等(2003)在上述研究成果的基础上,综合价值链理论、交易成本经济学、技术能力与企业学习等理论,按照网络中主体之间的协调和力量不对称程度从低到高依次排列为:市场型、模块型、关系型、领导型和层级型。他认为网络型具体包括模块型、关系型；领导型则与准层级型类似。Gereffi 运用企业间交易的复杂程度、是否采用标准化契约来降低交易成本的程度（对交易的标准化能力）和供应商能力等三个变量来解释五种全球生产网络治理方式（见表 5-1）。如果用更为形象的箭头及其大小来表示上述全球生产网络治理模式的分类，可得到如图 5-1 所示的全球生产网络治理模式演化图：

表 5-1 全球生产网络的治理模式①

治理类型	交易的复杂程度	交易的标准化能力	供应商能力	协调和力量不对称程度
市场型	低	高	高	低
模块型	① ↓ ② ↑	高 ③ ↑	④ ↑ ⑤ ↑	⑥ ↓ ↑
关系型		低		
领导型		高		
层级型	高	低	低	高

注：①交易复杂程度的增加降低了供应商适应新需求的能力；②交易复杂程度的降低使契约的完全性增加；③契约的完全性增强；④契约的完全性降低；⑤供应商的能力增加；⑥供应商的能力降低。

市场型（market）：通过契约可以降低交易成本，产品比较简单，供应商能力强，不需要购买者太多的投入，且资产的专用性较低时，就会产生市场治理。这时，交易比较简单，双方只要通过价格和契约就可以很好地控制交易的不确定性，不需要太多的协调（explicit coordination）。

模块型（modular）：产品较复杂，其生产标准或相关知识较易编码、生产技术已标准化、产品结构具有模块化特征，供应商能力较强。这种企业之间基于显性知识建立相互联系的生产网络具有相对灵活的市场反应。与传统市场交易相比，模块型生产网络各节点的企业交流的信息量较大、较复杂，除价格外，还包括产品设计、生产等内容。由于能够通过标准化契约来较好地降低交易成本，因此，需要的协调成本也不高，更换合作伙伴较容易。

在**关系型**（relational）治理模式下，产品复杂、标准不易编码，由于双方需要交换的信息量大且复杂，领导厂商和供应商之间面对面的信息交流极为频繁，双方通过信誉、空间的临近性、家族或伦理关系等为基础的相互依赖程度

---

① Gereffi G., "The Governance of Global Value Chains," *Duke University Working Paper*, 2003.

降低，双方之间的权利关系比较平等。

在领导型（captive）生产网络中，产品标准易编码，但供应商的能力较低，依赖于领导厂商的设计、物流、零部件采购、生产技术等，供应商一般被限制在一个较小的生产活动之内（如简单装配）。一方面，领导厂商会投入较多资源对供应商进行干预和控制；另一方面，供应商对领导厂商的依赖性非常强，很难改变交易对象，成为"依附型供应商"。领导厂商通过对供应商高度控制来实现治理，尽管双方权利不对等，但领导型生产网络能够降低机会主义行为，同时通过提供各种支持使供应商愿意保持合作关系。

层级型（hierarchy）：产品很复杂，外部交易的成本很高，而供应商的能力很低时，领导厂商不得不采用纵向一体化的企业内治理方式。因为交易可能涉及到领导厂商的核心能力如隐性知识、知识产权等，领导厂商无法通过契约来控制机会主义行为，只能采用企业内生产。当然，网络中领导厂商与供应商的权力地位也是极为不对称的。

上述 5 种治理模式可以实现相互动态转化（如表 5-1 箭头所示）。其中，细的黑线箭头表示基于价格机制的市场交易关系，白的宽箭头表示信息流及通过治理来协调的控制关系，并且白箭头越宽，信息流越大，控制关系越明显。譬如台湾和韩国的电子行业，由于规模经济、标准化和供应商能力的提高使治理方式从领导型、层级型转向市场治理或关系型治理。

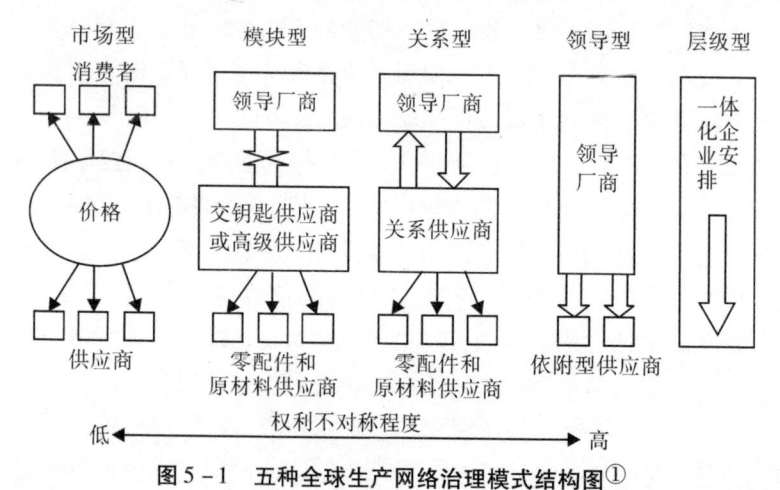

图 5-1 五种全球生产网络治理模式结构图[①]

---

① Gereffi G., "The Governance of Global Value Chains," *Duke University Working Paper*, 2003.

发展中国家嵌入全球生产网络可以获得价值链升级的机会和好处，从而更大程度地提升对技术劳动力的需求。由于其在国内的生产环节对劳动力的要求更高，一旦较高素质劳动力供给不足，则可能出现相对工资差距扩大。Gereffi 把这种效果归功于"干中学"和"组织演替（organizational succession）"。"干中学"是在与采购商的互动中，制造商知识水平和生产能力的提升；而组织演替则是指制造商从满足低端市场购买者需求的生产转向满足高端市场购买者的生产的过程，国外采购商的这种演替使制造商能力得到升级。更进一步地，Humphrey 和 Schmitz（2000，2003）将产业的升级分为四种类型：流程升级（Process Upgrading），即生产效率提高；产品升级（Product Upgrading），产品复杂化、单位价值提高；功能升级（Functional Upgrading），占据更多附加值的环节，如从 OEM 向 ODM、OBM 的跨越；跨行业升级（Inter-sectoral Upgrading），利用在原行业某种优势进入新行业。具体见表 5-2。

表 5-2 地方产业网络的四种升级类型[①]

升级类型	升级的实践	升级的表现
流程升级	生产过程变得更加有效率。	通过对生产体系进行重组或采用新技术来提高投入产出率，使自己的生产比竞争对手更有竞争力。
产品升级	产品复杂化、单位价值提高。	提高产品的档次和品种，不断推出新功能和新款式，以更好的质量、更低的价格与对手进行竞争。
功能升级	占据更多附加值的环节，如从 OEM 向 ODM、OBM 的跨越。	从产品制造环节跨越到设计、关键设备制造、营销等利润丰厚的环节。
跨行业升级	从一条价值链跨越到另一条价值链。	得到相关和相异产业领域的高收益率，比如从电视机生产跨越到笔记本电脑、移动电话等产品。

现实中，嵌入全球生产网络的发展中国家地方产业网络的升级，大多没有如此顺利。一方面，全球生产网络当中的价值，日益集中在研究开发、设计、品牌、市场营销等"非生产性"环节当中。领先公司正是立足自身的优势，在这些价值链环节构建自身的核心竞争力。并通过抑制网络内本土企业涉足

[①] 作者整理自 Humphrey J., Schmitz H., "Local Enterprises in the Global Economy: Issues of Governance and Upgrading," *IDS Bulletin*, *Vol. 32*, No. 3, 2003, pp. 19~29. www.ids.ac.uk.

"非生产性"环节进行"功能升级"，来减少对其核心竞争力产生的威胁。另一方面，地方产业网络内企业作为后来者，缺乏进入国际市场的渠道和信息，领先公司提供的订单成为网络内企业争夺的对象。对领先公司的依赖使它们逐渐放弃朝价值链高端环节延伸的主动权。因此，在领先公司的治理下，地方产业网络虽然能够成功地实现"产品升级"、"过程升级"，但是，"功能升级"、"跨行业的升级"却很难发生（Humphrey 和 Schmitz，2003）。

第二节 市场型治理模式对相对工资的影响

市场是组织经济活动中最为简单有效的一种模式，市场型网络中厂商通过建立完备的市场契约关系来进行交易，其运行的核心机制就是价格机制。由于产品可以在市场上自由获得，跨国公司没有必要控制发展中国家的供应商，供应商也不会受制于跨国公司。在发达国家与发展中国家价值链分工体系形成初期或者发展中国家拥有核心技术、某种生产要素的独特禀赋性和竞争优势的产品中，存在着这种市场型网络治理模式。

市场型网络对相对工资差距的影响存在两种传导途径：

（1）基于劳动力成本低廉为优势的企业，融入市场型网络不利于非技术劳动工资的提升。如纺织服装、鞋帽、皮革、玩具、自行车、钮扣、小家电、日用百货等传统加工、制造、组装等产业。传统制造业的主要特征是技术含量一般不高，产品档次也不高，以低成本优势为基础，产品附加值相对高新技术产业而言比较低，国内企业为跨国公司和国外品牌制造商加工、组装、OEM的比例较高，主要以低成本的姿态嵌入全球采购商主导的全球生产网络，其治理模式多以"网络"和"单纯市场关系"为主。Schmitz 对巴西 Sinos 谷进行的调查发现，大量小型鞋类制造商通过小型贸易商与欧洲和北美市场建立了关系，但他们并没有创立自己的品牌，也没有实现功能升级。这些出口制造商长期服务于大型购买者并按他们的需要组织生产（Humphrey 和 Schmitz，2004）。可见，如果说"市场型"有助于功能升级的话，可能更多是针对规模较大的发展中国家制造商或存在由领头厂商自创品牌的产业集群。近几年资源价格的上涨、人民币升值，美国和欧洲市场低迷，使得长三角、珠三角外向型的中小传统制造企业陷入困境。工人找不到满意的工作，企业大量缺工，这样的怪圈在劳动力密集的地区愈演愈烈，而2008年开始执行的新的《劳动合同法》更是给企业提出了新的挑战。譬如，在温州接近20%中小企业关闭。基于低廉劳动力成本的中小型传统制造业企业当前的困境，表明一直以来通过压低工人工资获得成本价格的竞争优势不可持续。加工贸易直接从业人员在3000万~4000万人，约占我国第二产业就业人数的20%。目前，全球性的国际大买主有把采购的重点向全球进行扩散的趋向。特别是新崛起的印度、越南和中南美国家，如越南有针对性地提出税收"五免七减半"；美欧日等28个国家给予柬埔寨普惠制待遇，引来大批外商投资；印度在多个行业实施外资审批自行生效制度。这些都成了吸引加工贸易转出中国的重要因素。这必将导致全球生产能力的分散化，并使过于专业化于劳动密集产业的中国供应商出现困境，使低工资的供应商原地踏步，把已有的生产企业拖入生产链的底部。对就业尤其是非技术劳动力的就业和工资上涨造成一定的压力。

（2）企业在升级过程中，不断扩大对研发和技术的投入，从而扩大对技术劳动力的需求。如Dolan和Humphrey（2000）对全球新鲜蔬菜产业网络进行研究，发现大型零售超市（如沃尔玛、家乐福等）经常通过引入复杂的加工标准和包装工艺甚至全套新的生产和检测设备，来迫使本地供应商改进工艺流程，提高产品的质量、环保、包装等多种标准，进而实现工艺流程升级。与此伴随的是产品升级和跨产业升级。在全球生产网络体系下，本地厂商最初为了满足服务于全球采购商的低端市场的需求，主要制造初级产品，在全球采购商不断拔高的产品要求下，本地供应商不断改进产品质量，拓展产品宽度，增加产品的新功能，从而逐步转向复杂的中、高端产品市场，实现产品升级。例如浙江鄞州蔺草制品企业（生产夏令床上用品，装饰草艺系列家居实用草制品），其一线工人普遍是非技术劳动力。通过日本的中小型贸易商进入日本市场，部分企业实现了从传统手工编织草席向机编蔺草制品的工艺与产品升级，在培育自有品牌后，进入沃尔玛、家乐福等全球零售超市，并经常通过引入复杂的加工标准和包装工艺甚至全套新的生产和检测设备，提高本地企业的产品质量、环保、包装等多种标准，进而实现工艺流程升级。其工艺流程升级途径见图5-2。目前，全区从事内销生产的蔺草企业已达到30多家，其中销售额在500万元以上的规模企业一般拥有研发技术人员数占总人数比例达13%，这样的企业近十家。企业在升级过程中，不断扩大对研发和技术的投入，从而扩大对技术劳动力的需求。再如温州大虎打火机企业，该企业每年都要开发好几百款新打火机。在海拔2500米以上的地区，普通的防风和直冲型的打火机打不着火，而大虎公司2007年最新研发的一款高原打火机却成功地实现了高原防风打火，这款高原打火机向墨西哥、哥伦比亚出口了两百多万只。

本地生产商成为全球采购商的供应商后,从后者那里学习了如何改进工艺过程、提高产品质量和快速响应市场的知识,从而得以进行产业升级;当生产过程发生了结构性的变化,逐渐转向知识密集型并具有产品差异化的生产,通过不断的开发创新获得技术竞争优势同时,也扩大了对技术劳动力相对需求。技术劳动力能够从事研究与开发,提高产品质量,提供管理意见,改善生产流程。从而不断提升劳动生产率,导致技术劳动的相对工资差距扩大。

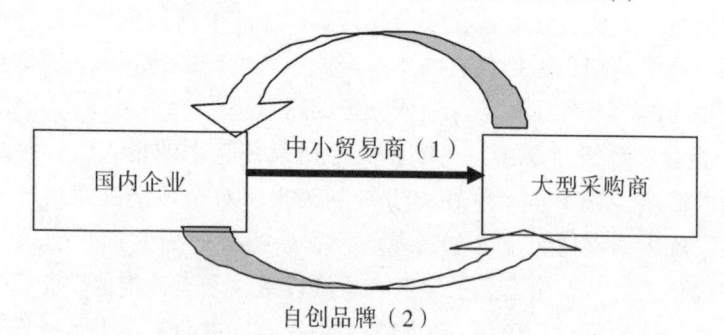

图 5-2 "市场型"企业与全球生产网络连接的途径安排

例如,作者调研的广州金发科技公司,是国家重点高新技术企业,集高性能改性塑料研发、生产和销售于一体;其主要产品改性塑料,拥有独立知识产权,产品具有较高的技术含量与附加值。该公司 70%~80% 的工作为配色,其普通工人一般为农民工,试用期 800 元/月,包吃住,2 个月转正后依据工作技术和工作经验给予 1200~1900 元/月工资。技术人员都有持股分红,对于部分技术创新人员给予高达市场销售收入的 10%~40% 的奖励。而且员工持股的比例也是与其技术创新能力成比例的,非技术工人和技术工人的工资差异化非常明显。进入全球生产网络扩大了技术边际产出的差别,相对工资差异正是对这种边际产出差异的补偿。因此,这种"市场型"的治理模式对相对工资的影响体现了市场效率和劳动率差异化。

第三节 均衡网络型治理模式对相对工资的影响

均衡网络型治理模式包括模块型和关系型治理模式,两者的分工均建立在弹性产业网络基础上,往往以电子、计算机、汽车等资本密集和技术密集型产业为代表。

一、不同利润环节对工资差异化的影响

我们以笔记本电脑的成本结构（见表5-3）来分析不同环节的利润构成。以一台采用 Pentium M740 为 CPU 的笔记本电脑为例，其采用二代 SONOMA 平台，15.4 英寸 WXGA 型 LCD 显示屏，256MB DDR333 内存，DVD 刻录光驱，60G5400 转硬盘，预装 Windows XP。该产品出厂成本价大约为 900 美元。其中"高技术壁垒"生产环节如 CPU、软件、显示屏等占据了成本的绝大部分，而低技术、高度竞争的制造、外壳等环节只占总成本的极小一块。

表5-3 笔记本电脑成本结构① 单位：美元,%

部件	CPU	显示屏	主板	硬盘	其他	软件	光驱	设计	内存	制造	外壳
成本	207	153	108	90	90	81	54	45	27	27	18
在总成本中的比重（%）	23	17	12	10	10	9	6	5	3	3	2

这种不对称的利益分配模式是由信息不对称下的利益不对称以及垄断优势与竞争优势的力量对比所决定的。由网络的分工模式可知，旗舰商和领导厂商由于具有垄断优势，在整个分工链条中具有核心地位，因而获得的利润最高。国内较低的利润不利于劳动力工资上涨，尤其是不利于非技术劳动力的工资水平进一步提升。进一步以在昆山投资的台湾笔记本电脑核心企业纬创资通公司（Wistron）为例（见表5-4），其主板部分以及重要模块化部件的供应主要来自于台湾大型电子企业（几乎全部都在长江三角洲地区设立有自己的生产基地）以及日、美跨国公司，机身部分以及其他相对次要的零部件则主要来自于台湾的中小型电子企业群体。从股权联系方面看，在上海、苏州、吴江、昆山聚集的台湾主要笔记本电脑生产商如仁宝、纬创资通、伦飞、神达、广达、英业达、华硕、华宇、大众等 12 家企业投资方式全部为台商独资企业，并且没有明确的证据表明，台湾笔记本电脑企业与大陆本土企业成立合资、合作性企业，这说明两者之间并没有能够通过合资、合作渠道建立起组织间学习的机制（Yang，2006）。由此可见，部分本土供应商在笔记本电脑产业集群网络内较低的地位安排。当生产的产品要求标准化质量，生产率体现在单位工人生产

---

① 水清木华研究中心：《2005~2006 年中国笔记本电脑产业研究报告》，水清木华研究中心网站 http://www.pday.com.cn

数量的时候,这种潜在工人进入对工资的压力就会增大。不利于本土企业工人工资,尤其是非技术劳动工资的上涨。

表5-4 纬创资通公司长三角支持性供应商企业群体的构成①

零部件类别		台湾供应商			非台湾企业
^^	^^	大型上市公司	其他上市公司	非上市公司	^^
主板部分	印刷电路板	欣兴、南亚	金像、耀华		
^^	半导体制品	国巨	乾坤、大毅		Murata（日）
^^	连接器	鸿海	信音		Molex（美）、Tyco（美）
模块化部件	液晶显示屏	友达			日立、三星、LG、Philips
^^	电源等	台达、光宝			
^^	键盘	群光	达方、精元		
^^	调制解调器		（国基）信邦、桦晟		Sumita（日）
机身部分	注塑成型制品、附加部分		宏易、宜鑫	奕升、元铠、凯达	
^^	合金加工		可成科技、华孚科技		

二、网络主体升级扩大对技术劳动的需求

升级需要生产体系和知识体系的支持,而知识体系表现出的技术推动力显得尤为重要。通过考察加工贸易企业的技术、研发投入情况,我们可以了解网络内不同主体升级的空间。作者以广州加工贸易企业的技术投入情况为例。表5-5显示接受调查的163家加工贸易企业的R&D人员情况:平均每家企业有R&D人员27人,占全部员工总数的2.65%。从实地考察的情况看,在这些R&D人员中,以工艺技术和一般技术开发人员居多,层次不是很高,特别是在一些中小型企业情况更是如此。多数规模较小同时在生产网络中所处层级比较低的加工企业除车间一线的管理人员和必要的财务人员之外,几乎没有R&D人员。表5-6显示:在接受调查的92家加工贸易企业当中,有57.61%

---

① 王益民等:《全球生产网络效应、集群封闭性及其"升级悖论"》,《中国工业经济》2007年第4期,第46~53页。

的企业 R&D 经费投入占当年销售收入的比重在 0~3% 之间，说明加工贸易企业 R&D 经费投入总体偏低。但一个好的现象是 R&D 经费投入呈上升趋势，从表 5-7 可以看出，在接受调查的 104 家企业当中，11.54% 的企业 2006 年的 R&D 经费投入比 2005 年有大幅度增加，49.04% 的企业有小幅度增加，两项合计达到 60.58%。

表 5-5 加工贸易企业研发人员比例①

	员工数（人）	占样本比例（%）
总人数	162733	97.35
其中研发人员数	4431	2.65
接受此项调查企业	163	100.00

表 5-6 加工贸易企业研发经费投入占当年销售额比重②

	企业数（家）	占样本比例（%）
0~3%	53	57.61
3~6%	17	18.48
6~10%	9	9.78
10% 以上	13	14.13
接受此项调查企业共计	92	100.00

表 5-7 加工贸易企业 2006 年研发经费比重比 2005 年上升情况③

	企业数（家）	占样本比例（%）
大幅上升	12	11.54
小幅上升	51	49.04
基本不变	37	35.58
下降	4	3.85
接受此项调查企业共计	104	100.00

一旦本土企业具备核心技术掌控能力与自主创新研发能力，则在网络内价

---

① 根据《广州加工贸易转型升级》课题组问卷调查结果统计。
② 同上
③ 同上

值链的任一环节上具备了与发达国家大购买商相抗衡的市场势力或跨国企业相抗衡的技术势力。在从低层级供应商向高层级供应商升级过程中，越来越多的高价值链环节需要高技术劳动力，对技术人才的需求扩大，工艺流程升级或产品升级的实现又会进一步带动技术创新，提升对技术劳动力的需求，从而相对工资差距扩大。我国的计算机和通信设备制造业在全球生产网络内的升级是比较成功的，最典型的两个案例莫过于 2004 年联想收购 IBM 的 PC 业务，和华为全球销售额突破 462 亿元并且海外订单突破 100 亿美元，率先成为我国 IT 业界的两大跨国公司，进入计算机和通信设备制造业的国际领先行列。我们以电子信息产业的中芯、中兴以及汽配产业的万向集团为例。

中芯国际是纯商业性集成电路代工厂，现有员工 1000 多人，其中博士、硕士占了 1/3，来自美国、意大利、新加坡、台湾的高级人才占了 1/4，中芯国际还与复旦微电子学院合作，设立了博士后工作站。中芯国际在上海的所有工厂在试产 7 个月内均以零缺陷率通过 ISO9001 认证。中芯国际的环保措施也获得了 ISO14001 认证，员工安全卫生体系获得了 OHSAS18001 认证。再如，中兴通讯于 1985 年初创于深圳。以来料加工业务起步，经过 20 多年的发展，中兴通讯已成为中国最大的通信设备制造业上市公司。公司目前的员工规模超过 3 万人，高学历的员工一直占据较大的比例，如 2004 年本科及以上学历的员工比例达到 65.1%。见表 5－8。中兴员工的高学历结构与其员工的专业结构是相关的。在中兴通讯，员工的专业分布形成了所谓的"哑铃型"结构，即技术开发人员和市场工程人员占据了相对较重的比例，在 2004 年底分别为 32.5% 和 31.25%，而所有的管理、财务、生产和其他人员加起来才达到 36.3%。中兴每年的研发费用占销售总额的 10% 以上。在薪酬体系上，中兴为员工提供具有竞争力的薪资，并充分发挥薪酬对员工的激励作用。如对公司的新进员工，中兴实行被员工称之为"小步快跑"的薪酬制度：员工进入公司开始的两年中，随着员工在企业的成长，薪酬也会相对快速的上升，以争取在两年左右能达到和员工能力相匹配的位置。这种"小步快跑"的薪酬制度能激励新员工快速适应企业文化，充分发挥自身的潜力，不断成长，从而找到最能发挥自己能力的岗位。而对于部门一级及以上的管理人员或业务骨干，中兴采取"现金期权"的激励方式：根据员工的表现承诺未来 3 年或 5 年的每一年，或到期后一次性给予一定金额的现金奖励。在员工培训方面，中兴建立了包括通用性培训、专业培训和岗位培训在内的 3 级培训体系，培养员工在具体实践中所需的各种技术。

表5-8 中兴人员规模及结构变化情况①

年份	1998年 人数	1998年 比例	2000年 人数	2000年 比例	2004年 人数	2004年 比例	2006年 人数	2006年 比例
总数	5420	100%	9377	100%	12916	100%	25515	100%
员工学历结构									
博士	81	1.49%	282	3%	312	2.42%	428	1.7%
硕士	1323	24.41%	2346	25%	3634	28.13%	6131	24%
学士	2484	45.83%	5438	58%	5682	43.99%	10046	39.4%
其他	1532	28.27%	1311	13.98%	3288	25.46%	8910	34.9%
员工专业结构									
技术开发人员	1833	33.83%	3938	42%	5421	41.97%	8287	32.5%
市场工程人员	1553	28.65%	3000	32%	4091	30%	7973	31.25%
管理人员	430	7.93%	657	7%	1261	9.67%	3300	12.9%
生产人员	1604	29.59%	1782	19%	2143	24.33%	5955	23.4%

进一步以汽车产业链为例。见表5-9。汽车产业价值链由设计与开发、生产、营销与销售以及消费与售后服务等基本环节组成，大型供应商和系统组装商都需要覆盖全球，前者更侧重了解世界不同区域的客户需求，后者更侧重品牌的扩张；而且组装商愈来愈倾向于要求全球大型供应商和一级供应商能提供重要系统或模块，如加速器、刹车器和座位系统等，而非单个零部件；二级供应商必须具有工艺工程技术，且其产品必须符合一定的质量标准，如ISO9000和QS9000等；三级供应商只提供基本产品，技术要求不高；修理用零部件供应商的能力要求较低，仅需反求工程能力和将设计转化为详细制图的能力。全球汽车生产网络中的领导企业主要集中在系统组装商、全球大型供应商和一级供应商，如美国通用、福特，日本丰田、本田和德国大众等系统组装商，美国德尔福、日本电装、德国博世等汽车零部件巨头，他们的设计与创新能力都很强，是全球汽车生产网络中主要的技术和知识源泉。由于我国过去长期实行"重整车轻零部件"的发展政策以及地方政府对零部件生产采取封闭式制定配套的发展模式，目前我国零部件生产企业普遍存在生产规模小、国际竞争力差等问题（李燕等，2003）。

---

① 《中兴通讯年度报告》1998年、2000年、2004年、2006年，巨潮资讯网 www.cninfo.com.cn/

表 5-9 汽车产业链的基本构成及各部分能力要求①

基本构成部分	能力要求
系统组装商	大规模，创新与设计能力很关键，品牌优势，制造能力强，融资能力强。
全球大型供应商（mega-suppliers）	能为组装商提供重要系统，能跟踪世界不同区域的客户，能运用自己的技术设计出满足组装商制定的性能和界面要求的方案，具有设计与创新能力。
一级供应商	直接向组装商供应零部件的能力，其中一些将发展成全球大型供应商，设计与创新能力，覆盖全球的要求不如全球大型供应商高。
二级供应商	能按组装商或全球大型供应商提供的设计进行生产，为满足成本和灵活性要求需有工艺工程（process-engineering）技术，满足质量要求并获得质量认证的能力，可能仅供应单一市场，但国际化趋势增强。
三级供应商	有提供基本产品的能力，具有最基本的工程技术，企业间竞争主要体现在价格方面。
修理用零部件供应商（After market）	需获得相对更廉价原材料的能力和工艺工程技术，因设计可直接模仿现存零部件，故不需要创新，但需要反求工程能力和将设计转化为详细制图的能力。
汽车营销与销售商	了解客户需求、开拓新市场的能力，并能协助系统组装商和供应商进行产品开发以最大限度满足客户需求，良好的服务意识和服务水平。
售后服务商	良好的服务意识和服务水平，维修汽车的能力，及时向汽车制造商或营销商反馈信息的能力。

经过不断技术创新发展壮大起来的浙江万向集团不仅实现了产品从零件（万向节、轴承、传动轴、制动器）到系统模块（传动系统、制动系统、轴承系统、底盘系统）的升级，由低端向高端制造升级；而且通过跨国投资和兼并实现了跨行业的全球汽车生产网络升级，向不动产和旅游、三农产品发展。万向集团从 1984 年开始通过出口万向节进入全球汽车生产网络，在国际市场的驱动下，于 1996 年成立了万向研究院，研究院共拥有 215 名专业研发技术人员，并拥有国家人事部批准建立的国家级企业博士后科研工作站。每年在科

---

① Humphrey J., Memedovic O., "The Global Automotive Industry Value Chain: What Prospects for Upgrading by Developing Countries," UNIDO, Vienna, 2003.

研方面的投入超过销售总额的5%。同时还建立了一系列的技术创新管理制度和激励制度，营造了良好的创新环境，推动了企业的自主创新发展。目前万向拥有的国家级汽车零部件实验室，出具的实验报告获得44个国家和地区的互认资格。1999年至2010，万向累计完成科技攻关项目680项，其中国家级10项、省级52项、市级18项，累计申报专利400余项并得到国家专利局受理。2000年，万向在美国收购了世界上万向节专利最多的舍勒公司，而成为该产品世界上拥有最多专利的企业。每一次万向控股一家美国公司，都不会派人进入或者参与管理，但一定要求得到采购权。采购权掌控在手，万向在中国的工厂就能更快地实现技术、工艺的改进升级，并引入新的质量体系，或者制造新的产品。[①]

全球生产网络使得分工细化，较低层次上分工的劳动的横向差别减少，资产专用性弱化为通用性，对该层次需求的非技术工人的可替代性越来越高；另一方面，它又使得处在较高层次的劳动差别扩大，并日益专门化，专业化知识在分工中的重要性日益显著。细致的专业化分工促进了劳动的熟练程度，为技术创新提供了可能。从上述"市场"和"网络"型（模块和关系型）治理模式的分析可知，发展中国家的本地产业融入全球经济的确有利于分享全球化的好处，带动产业升级，扩大对技术劳动力的需求。一旦均衡网络型内的企业通过提升自身的"技术"或"市场"的优势地位，扩大对技术劳动力的需求，进而通过工资的差异体现了劳动生产率的差异。而人力资本水平的高低则直接影响到技术工人创新能力的差异。工人所具有的专业化人力资本水平越高，劳动生产率的差异化就越明显。同时，越来越多的价值增值环节需要依靠高素质劳动力，中国的技术劳动力的使用比重也在上升，由于中国的非技术劳动力存量大，工资水平提高缓慢，而技术劳动力存量小，工资水平提高迅速，因此，工资差距拉大。

第四节　领导型、层级型治理模式对相对工资的影响

领导型网络内领导厂商对中小型厂商具有很强的监督和控制力，领导型治理模式中众多中小企业主要依附于大型领导厂商；层级型生产网络往往是由跨国公司投资形成的一体化生产体系，以企业制为典型，其运行的核心是管理控

[①] 作者整理自万向集团网站 www.wanxiang.com.cn

制。由于领导型、层级型网络内主体的权力不对称，属于受控型网络，本小节将两者统一起来分析对相对工资的传导机制和传导效应。

一、中国制造业企业处于价值增值链的低层次

Feenstra 用玩具产品芭比娃娃的生产与制作过程作为描述全球生产网络价值分配机制的一个经典案例解释了不同生产环节的价值增值过程：一个芭比娃娃在中国生产，而芭比娃娃的模型是由美国的母公司设计的，美国的生产单位仅负责对娃娃的着色与打扮。一个芭比娃娃在美国市场上的售价为 10 美元，其中中国的劳动力成本只占 35 美分，中国的小料成本约为 65 美分。通过香港的转口贸易，一个芭比娃娃在香港的离岸价格为 2 美元，即从中国内地到香港的运输成本、仓储费、香港出口商的一般管理费用与利润总和大约为 1 美元。在美国，生产芭比娃娃的母公司 Mattel 公司在每个芭比娃娃上赚 1 美元利润，这说明，一个芭比娃娃的主要价值链是分布于美国的进口、运输、配色、库存与营销环节上，这方面的价值总和约为 7 美元。1995 年，Mattel 公司凭这种全球化生产网络体系，每秒钟可生产 2 个芭比娃娃，全年的营销额达 14 亿美元。美国厂商获得了主要的利益，中国的收益只有 35 美分（Feenstra，1998）。芭比娃娃的例子生动地体现了相当一部分中国玩具制造业企业在全球生产网络体系中所处的利益分配地位。

我们再以纺织服装价值链为例。完整的纺织服装价值链包括品牌推广、技术研发、设计、纺织、印染、服装生产、销售等诸多增值环节，其运作包括四个主要组成部分：(1) 复合纤维产品生产，属资本和知识密集型；(2) 纺织产品（线和织物）生产，属相对资本密集型，其中纺织成品相对较低些；(3) 服装生产，属高劳动密集型；(4) 分销，属资本和技术密集型。复合纤维产品在资本密集型方面三到四倍于纺织产品，线和织物等纺织产品又比服装产品的劳动密集程度低 1.5 倍，纺织成品介于两者之间。就服装生产而言，具体又可分为许多环节，各个环节对资本、技术、劳动力等的要求也有区别。在设计、制模、分等、嵌套、上印、裁剪过程中，部分采用电脑设计制造或计算机合成的属于资本密集型。缝合，差不多占雇佣劳动的 80%，其中大部分劳动是非熟练的。产品的检验、烫、染色、洗涤有些是机器操作。最后的封装、库存控制、物流、营销和分发，是资本密集或规模化的，技术已被广泛使用，并且要求相对熟练的工人（Graziani，2001）。我国的纺织服装生产厂家一般以合同外包渠道融入全球生产网络体系的高劳动密集型生产环节，如服装加工、线和织物生产。在刘德学主持的《加工贸易转型升级与结构优化研究》的课

题组对服装纺织加工企业的调研中,有75.6%的企业其工缴费率在7%~10%之间,有个别大型服装加工贸易企业工缴费率可达10%~12%左右,还有少数企业工缴费率只有5%左右。由于中国服装加工企业众多,近几年工缴费率基本稳定在一个较低的水平。

作者于2007年参与《广州市加工贸易转型升级》的课题调研,针对广州市服装、玩具、制鞋等加工贸易企业的相对工资水平做了初步调查。见表5-10。

表5-10 受访企业情况一览表①

行业	企业性质	贸易方式	员工人数	地点
企业1:服装	港资	进料加工	600多人	广州花都区
企业2:电动、毛绒玩具	港资	来料加工	8000多人	广州白云区
企业3:食品加工	台资、新加坡投资	来料加工	600多人	广州开发区
企业4:针织	港资	来料加工	3000多人	广州番禺区
企业5:制鞋	港资	来料加工	600多人	广州番禺区

企业1:该公司采用的是"基本工资+效益工资模式",即工人底薪依据熟练程度和工作年限等条件分为每月600~800元不等。不含住宿费和伙食费。

企业2:一线工按广州市最低工资标准780元/月。一线工基本为女工,无加班费,有计件费,每天工作12小时。无学历要求。

企业3:一线工按广州市最低工资标准780元/月。包1正餐和住宿费,每月4天休,8小时工作日。部分生产环节噪音大。

企业4:普工实行轮班制,每月4天休,8+4小时工作日,基本工资+效率工资(计时、计件)=1500~1800元/月。技工分ABC级,最高级达4000元/月,C级为2000元/月,B级为3000元/月。不包吃住。

企业5:车面工在机器轰鸣的厂房里重复鞋底车面的工作,做了一年左右成了熟手,计件工资每月1千多元,摊到一双鞋子,也就几毛钱;打板师在专门的工作室画图纸设计和制作鞋样,如果鞋样被外商认可,并拿到订单,那工厂每做一双鞋他都可以提成几毛钱,一批下来一个鞋样可以拿到好几千块,打板师月入上万并不困难。

---

① 作者根据调研统计。

调研中发现，珠江三角洲地区的玩具、服装、鞋帽等加工企业，很多依然依靠低工资实现产品的低成本，其一线工人普遍是农民工、非技术工人。订单生产带来的层层利润剥离，劳动密集型生产环节的低附加值，也减少了非技术劳动者可能分享的利润。如在东莞厚街就聚集了2000多家鞋厂，这些鞋厂只是下订单的外商的制造车间，每双鞋的加工单价仅为0.7~2美元，可想而知能给予工人的利润空间是微乎其微。据调查，一双彪马出品的运动鞋在美国的平均售价约为75美元，中国厂方的售价大约是2.44美元，其中每生产一双鞋花在工人身上的所有成本是0.77美元。以玩具制造企业为例，近年来，塑料、铜、锡、包装材料等玩具生产材料纷纷涨价，土地和劳动力工资成本也在增加，人民币升值，但采购商和委托加工商不仅没有相应提高价格，反而在压价。加工贸易企业的利润空间越来越薄，要提高劳动力的工资和福利确实也困难。长期以来，这些企业都是在假设劳动力成本不变的情况下，安排企业的生产。如果工资上涨，势必大幅度提高企业的成本，利润也会随之减少，甚至可能出现亏损。在调研中我们询问是否愿意提高工人工资、改善工作条件时，大多数人回答企业利润很薄，无法承受成本再增。还有的则说工人的工资已经给够了。而且普遍认为大学生好找，但技术工人难找。蔡昉（2005）[①] 对深圳市一家生产电脑主机板的大型企业的调查显示，其人力资源管理人员说，如果企业的每个员工提高一点工资，整个企业的成本就会提高很多，企业将难以承受。另一家生产数码相机的公司说，如果每个员工的小时工资上涨一块钱，企业的月成本将增加70多万，他们根本无力承担。由于双方的利益不对等，我国在融入这种生产网络体系中处于及其被动的地位，所得的利润空间有限。另一方面，供应商的订单来自领导厂商，供应商无需考虑其销售市场，也不考虑其技术和原料采购，处于信息和知识弱势群体，讨价还价能力和战略部署能力较低，利润上升空间自然有限。我国农村大量剩余劳动力的存在，尤其是中西部地区源源不断的劳动力供给，对东南沿海地区较低的市场工资率形成了条件，使得企业能够在利润率不受影响的条件下依靠价格进行竞争，成为承接全球生产网络劳动密集型生产环节最重要的一环。另一方面，从动态角度来看，让人变得更"昂贵"是必然的趋势。但在长期的劳动力无限供给状态下，"领导型"网络内加工贸易企业在大规模接受订单时，并不为工资上涨留出利润

---

① 蔡昉：《"民工荒"现象的经济学分析——珠江三角洲调查研究》，《广东社会科学》，2005年第2期，第5~11页。

空间。随着近两年原材料和能源价格普遍上涨,如果工资水平再上涨,势必会大幅提高企业的劳动成本,减少企业利润。如果企业试图保持工资水平不变,企业就不能够雇佣过去同样数量的劳动力,维持原有的生产规模。为了维持原有的生产规模,企业只有通过提高工资才能雇佣原有的就业数量。而企业调整生产结构有一定的时滞,在短期内难以采用资本替代劳动,缓解工资上涨压力,这样,企业只有通过挤压非技术劳动力的工资水平以维护企业利润。

二、转移价格导致中间品进口价格上涨

转移价格涉及的交易对象包括零部件、中间产品、最终产品、资金转移、无形资产、劳务、资产租赁等多项内容。因此,考察转移价格决定的原因可以用来说明中间品价格的决定。转移价格是与关联企业贸易主要的中介工具,它并不是依据市场来确定的,而是一种管理价格。转移价格主要存在以下几种形式:以避税为目的;以规避风险为目的;以侵占利润为目的;以抵消利润汇回受限为目的;以平衡子公司帐面利润为目的;以操纵市场势力为目的。如作者在参与《广州加工贸易转型升级》的课题调查中发现,美国通用电器塑料有限公司以进料加工为主,原材料100%从关联公司进口,85%的产品外销,其中40%出口到香港的分销商,60%出口到香港的关联公司。在转移定价中,母公司与子公司或子公司之间并不是为了使各自的利益最大化,而是要使整个集团整体利益最大化。1993~2000年,中国制成品出口增长160.7%,出口比重自1995年以后已超过85%。而出口价格指数整体上涨幅度只有3%,这就形成加工贸易产品价格的变动主要源于进口投入品价格的变动。由于进口的中间投入品一般技术含量较高,进口市场往往具有一定的垄断性,有形成垄断价格的可能。在1990年至1995年期间,我国大宗出口商品中,一些主要商品如水产品、生丝、真丝、绸缎等出口量增长率均高于出口总额增长率。2000年与1998年相比,我国前100位出口商品中,提箱、小手袋、皮革、服装等纺织轻工产品出口量增长率均高于出口总额增长率。机电产品中,硬盘驱动器、键盘、鼠标微电机等商品的出口也有类似情况,而这些商品也是我国加工贸易比重较大的商品①。Feenstra&Hanson②(2003)研究了香港作为贸易中心在我

---

① 廖涵:《论我国加工贸易的中间品进口替代》,《管理世界》2003年第1期,第63~70页。
② Feenstra R. C., *Advanced International Trade*: *Theory and Evidence*, Princeton University Press, 2003. http://www.econ.ucdavis.edu/faculty/fzfeens/textbook.html.

国加工贸易中所发挥的作用。他们分析了汇率、运输成本、税收、贸易壁垒等因素对加工贸易的影响，发现委托人和中间人主要通过转移价格的手段分配大部分贸易利益。在全球生产网络体系中，中国主要处于生产的下游或终端，多为相对简单的加工阶段，所产生的增加值主要来自劳动力的支出。而外商投资企业通过转移价格以高价进口原料、技术设备或高息从母国贷款，减少税后净利润，从而更大程度地降低其在加工环节部分投入的劳动力工资支出。田文[①]（2005、2006）利用纵向市场关系与价格歧视模型分析了不同生产环节之间市场结构差异对利益分配的影响，得出发达国家主要从事趋向垄断的生产，发展中国家主要从事趋向竞争的生产，进而使前者能利用市场势力操纵投入品价格，使分配有利于己的结论。通过转移价格使得中间产品进口价格的提升会压低生产投入品环节的利润空间，不利于工人工资的上涨。正如在第四章第二节的假设1模型证明的，中间品价格的上涨会引致相对工资差距的拉大。

三、核心企业和外围企业关系不对称

领导型、层级型网络内核心企业（领导厂商）和外围企业（本土中小型供应商）的关系不对称，核心企业对技术劳动力需求扩张带动技术劳动力的工资水平。例如，日本电产株式会社自1999年以来，投资214亿美元，带动12家（其中10家光机电企业）日本企业落户浙江平湖，以这12家企业为核心形成了光机电产业集群。光电子产业是以先进制造技术为基础，融合微电子、计算机、机械自动化和信息管理等有关技术而形成的综合性高新技术。目前日资企业雇员达到了3万多人，2006年产值近100亿。其产品如数码相机快门、手机用摄像头、电子硬盘、激光打印机部件、数码相片冲印机、流体动压精密轴承、微型电机等，其中数码相机快门、可视手机用镜头、HDD用流体动压轴承等产品已分别占了国际市场的25%、65%和100%。我们以机电产业的一个产品马达为例。

从图5-3马达的基本生产流程可以看出，马达产业中最关键的电子元件是PC板，该板内一共有100多个电子元件，其价值占据马达总价值的50%以上。而最核心的机械部分是夕钢片和轴承，一个是马达的特殊原材料，另一个则要求极高的制造工艺，由于这两部分特别关键且具有很高附加值，目前也是

[①] 田文：《产品内贸易论》，经济科学出版社2006年版，第135页。

依赖投资中国的日资企业生产和进口。这12家企业内部自主创新发展能力对技术型劳动力的要求较高。而当地企业嵌入其光机电产业链条的多为外围的非核心组装加工阶段，反而只产生对相对低技术的劳动力需求，由于缺乏独立的外部联系和自主发展的能力，是否升级和如何升级都取决于日本核心企业的发展战略，本土获得技术溢出和创新能力有限，从而升级动力不足。核心企业（外资企业）和外围企业（内资企业）的利益不对称造成相对工资差异的明显。

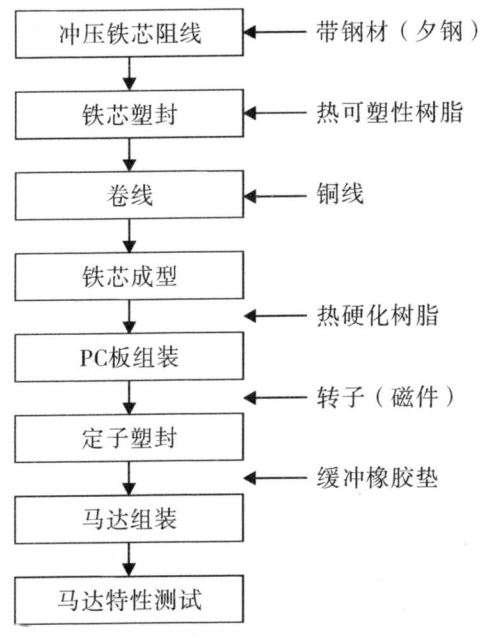

```
┌──────────────┐
│  冲压铁芯阻线 │◄──── 带钢材（夕钢）
└──────┬───────┘
       ▼
┌──────────────┐
│   铁芯塑封    │◄──── 热可塑性树脂
└──────┬───────┘
       ▼
┌──────────────┐
│     卷线      │◄──── 铜线
└──────┬───────┘
       ▼
┌──────────────┐
│   铁芯成型    │
└──────┬───────┘◄──── 热硬化树脂
       ▼
┌──────────────┐
│   PC板组装    │
└──────┬───────┘◄──── 转子（磁件）
       ▼
┌──────────────┐
│   定子塑封    │
└──────┬───────┘◄──── 缓冲橡胶垫
       ▼
┌──────────────┐
│   马达组装    │
└──────┬───────┘
       ▼
┌──────────────┐
│  马达特性测试 │
└──────────────┘
```

图 5-3　马达的基本生产流程和部件[①]

由表5-11可知，外资企业的工资一直高于内资企业。1997年差额创新高，达到4772元，差额率达到74.05%。此后差距逐渐缩小，2005年和2006年的差额率分别只有29.8%和27.3%。外资企业较内资企业的高工资率既是较高劳动生产率的体现，也是"层级制"网络内较高的技术密集型生产环节决定的。一直以来，国有企业较平均的工资分配制度无法体现劳动生产率的差异，外资企业就通过较高的工资来吸引技术劳动力；另一方面，无论是外资企

[①] 张辉：《全球价值链下地方产业集群——以浙江平湖光机电产业为例》，《产业经济研究》2004年第6期，第27~33页。

业还是外围企业中为外资企业进行简单组装加工的内资企业对非技术劳动力的需求,都可以通过广大的农民工市场获得满足,普通劳动力相对高技术劳动力过剩,从而外资企业的高工资体现的是技术劳动力的高工资。从横向比较来看,见表5-12。2000年ASIAWEEK实行的调查中,菲律宾的人均GDP大于中国人均GDP的20%,但其中层管理者的工资却少于中国。而泰国的人均GDP是中国人均GDP的两倍,可是中国中层管理者的工资已相当于泰国中层管理者的70%~90%。韩国人均GDP是中国人均GDP的11倍,但是中国中层管理者的工资水平达到韩国中层管理者工资水平的一半。这意味着在亚洲国家中,中国中层管理者的工资水平已经处于较高位置。主要原因在于使用高技术劳动力生产的差异化的外商投资扩大了中国的工资差距。

表5-11 中国本土企业平均工资与外企平均工资增长的比较[①]　　　单位:元

年度	本土企业平均工资(A)	比上年增长(%)	外企平均工资(B)	比上年增长(%)	差额率(%)(B-A)/A
1995	5348	21.2	8812	23.3	64.77
1996	5980	11.82	10084	14.43	68.63
1997	6444	7.76	11216	11.23	74.05
1998	7446	15.55	12927	15.25	73.61
1999	8319	11.72	14353	11.03	72.53
2000	9333	12.19	15692	9.33	68.13
2001	10834	16.08	17553	11.86	62.02
2002	12373	14.21	19409	10.57	56.87
2003	13969	12.90	21016	8.28	50.45
2004	15920	13.97	22250	5.87	39.76
2005	18200	14.32	23625	6.18	29.81
2006	20856	14.59	26552	12.39	27.31

注:平均工资按单位就业人员平均劳动报酬计。

[①] 根据《中国统计年鉴》、《中国劳动统计年鉴》,中国统计出版社2000~2007年版计算。

表 5-12 1999~2000 年各国管理者工资比较①　　　　　　单位：美元

	中国	菲律宾	泰国	韩国
人均 GDP	840	1049	1921	9628
CEO	34380	53748	50255	102347
人力资源总监	23640	18708	32936	45816
生产主管	22392	21516	27450	47529
销售总监	21864	17712	31193	44093
工厂经理	16786	14748	19122	36375
销售经理	18288	13308	16824	31258

四、网络主体升级扩大对技术劳动的需求

总体来看，为了防止发展中国家本土企业的技术溢出和技术模仿，母公司一般将功能升级等高端能力掌控在自己手中，当地企业一般局限于工艺流程、产品的升级，地方产业通过 R&D 实现功能升级的难度较大。同时供应商在发展品牌和营销能力时往往会遇到跨国公司的阻挠，会面临更大的投资与市场风险。另外，由于领导型网络内的服装、皮具产品行业进入门槛低、产品更新快、产品也难以实施知识产权保护，这使得模仿行为普遍合法化地存在。因而领导型网络内的本土供应商进行开发设计、产品创新的动力不足，尤其是中小型加工贸易企业。对融入层级型网络内本土供应商来说，企业制造生产能力强，设计能力、品牌经营能力和战略管理能力薄弱是其特点。升级一定是企业知识的变化，体现在人力资本、组织安排和技术装备的优化。技术与人才在升级过程中显得至关重要。受控型网络的功能升级成功与否主要依赖于三个方面：本土企业的知识能力和吸收转化能力；本土企业的管理能力和经营战略；地方支持体系的发育程度。需要特别指出的是，当发展中国家基于能力的获得一旦完成功能升级，他们与国际购买商的关系从受控型过渡到了均衡型。同时，众多无论在销售份额、增值份额、购买份额还是利润份额相对平均的企业中会有一家或几家脱颖而出，他们在整个区域的市场集中度逐步增加，形成对技术劳动力的需求。

在网络地位中逐步升级，成长壮大起来的企业，扩大了技术边际产出的差

---

① www.Asiaweek.com

别，使得相对工资差距的变化体现了劳动力生产效率的差异。如作者对广州镇泰玩具厂进行了调研，该厂员工人数接近10000人，90%以上为生产一线工人（招工无学历要求，基本为女工），研发技术人员和行政、管理人员约80人，技术人员要求大专以上学历。企业采用计算机管理：硬件方面采用美国IBM公司的AS400系统；软件方面采用MRP（Ⅱ）系统。并设立私人卫星专线网络，大大提高了数据传输及交换效率；设计方面：工程部采用PRO-E计算机辅助设计系统；检测方面：专门成立了化学和物理实验室并获得国际认证，已申请并获批了5项设计专利。公司已摆脱常人眼中玩具业发展空间狭小、产品技术含量偏低的观念，现已成为粤、港、澳玩具业颇具代表性及影响力的旗舰。该公司对技术人员的研发创新高度重视并给予奖励，安排国内员工赴港实地培训，以提高技术水平和素质。此外企业经常举办管理研习课程和领导才能训练，并实践管理层本地化。再如，传统五金机械制造企业平湖江茂电梯配件有限公司，是最早与日资光机电企业对接的企业，为了达到"电产新宝"对工艺近乎苛刻的要求，"江茂"每年要花四五百万元更新设备。通过为外资企业配套，有效提升了产品的技术含量和赢利水平，以前一台数控机床卖300元，现在卖3000元。即使是这种最基本的升级方式，平湖已经面临着劳动力素质、技术能力等巨大的供给压力（张辉，2004）。人力资本是技术创新的主体，同时又是技术扩散的必备条件。企业每次升级都可以看作是一次劳动力与技术的匹配过程，技术升级的速度，影响着就业、工资水平和工资差距。这样，技术进步更快的企业会在劳动力市场上对相同可观测人力资本水平的员工，比如学历层次越高的员工，提供更高的工资，以此来提高企业员工的整体素质，使利润最大化。造成的对技术劳动力的需求就会通过相对工资差距的拉大体现出来。这些能够进行不断创新的企业会对技术劳动力提出更高的要求，从而引起相对工资差距变化。

第五节 小结

技术劳动的相对需求和相对工资取决于全球生产网络的地位安排和升级速度。全球生产网络下的内部治理模式对工资差距的影响通过两种不同的机制实现，一是通过利益分配机制，网络内企业的利润分配和地位安排的不均衡会固化广大非技术劳动力的工资水平；二是通过扩大技术边际产出的差别，使得相对工资差距的变化体现了劳动力的生产效率的差异，并通过改变不同技术劳动在收入分配中的比例形成市场工资率差别。一旦中国生产者与全球买者之间形成更为平衡的关系，全球生产网络的治理模式将从"层级型"、"领导型"向"关系型"、"模块型"和"市场型"转变和发展，在这个过程将不断推动企业技术升级（更多地体现在产品升级或工艺流程升级，少部分实现了功能升级或跨行业升级），促进技术劳动力需求的增长，其内部相对工资的差异化就更加明显，表现出的技术溢价更突出。中国的相对工资水平扩大是表现在两个层面的：融入全球生产网络扩大了技术边际产出的差别，在这种情况下，非技术劳动力的福利有可能获得提升，而不均衡的利益分配机制导致非技术劳动力的福利受到了挤压。由于全球生产网络的治理模式是动态转化的，前提是嵌入网络节点的加工贸易企业能够获得技术、生产、管理等方面升级的能力，利润空间的延伸有利于技术劳动者和非技术劳动者福利水平的提高。

第六章

全球生产网络人力资本积累与工资差距

要素的供给和需求决定价格水平。第五章在全球生产网络治理模式的框架下从价值分配和是否可能升级的视角讨论了影响就业结构中劳动力需求的传导机制和传导效果，从而对劳动力相对工资水平的影响。本章从供给的角度考察人力资本积累机制对劳动力相对工资差距的影响。通过劳动力市场结构变化改变劳动力供给从而改变其相对稀缺性，会引起工资差距的再次变化。

工资收入和个人的人力资本投资密切相关，因此人力资本投资对工资差距有重要影响。人力资本作为"体现于人身上的知识，能力和健康"，是人类在自身的生产和再生产过程中通过相应的投资而形成的。Gary. S. Becker（1983）认为，人力资本投资是一个流量的概念，它对于人力资本存量起着决定作用而人力资本存量又决定着人们获利能力。Becker 将其概括为五种形式：（1）正规学校教育；（2）专职培训；（3）医疗保障；（4）迁移；（5）收集价格与收入的信息。[①] 如接受正规教育可以提高人的认知能力并有助于学习能力的增强；对个人进行培训可以提高一个人的技术；而对研究和开发的投资则可以通过外部效应来提高个人的技术水平；对卫生和营养的投资可以改善人的健康状况。人力资本投资的主体一般有政府、企业、个人和家庭，不同投资主体的投资方向和追求的效益是不同的。其中个人和家庭往往是为了子女或自身的发展而在教育和健康等方面进行一系列的人力资本投资活动，显然这意味着人力、财力和物力等的付出，因而不同收入水平的个人和家庭进行人力资本投资的能力和动力是不同的。人力资本投资与物质资本投资一样，具有一定的成本和收益。所有这些投资都提高了技术知识或健康

[①] 加里. S. 贝克尔（著），梁小民译：《人力资本》，北京大学出版社，1987年，第34~56页。

水平,从而都增加了货币或心理收入。Schultz(1960)、Becker(1975)和 Mincer(1974)关于收入分配的人力资本模型认为,人口总体的平均受教育程度和教育分布状况都会影响收入分配状况。通常教育不平等与收入不平等之间存在正相关关系,而平均受教育程度的提高对收入不平等的影响可能是正向的,也可能是负向的,这取决于教育收益率的演变。Knight&Sabot(1983)提出了二元经济中人力资本积累对收入分配产生二种效应:"结构效应"(Composition Effect)指教育扩展使高学历群体规模相对扩大,这种结构效应起初会扩大收入不平等程度,但后来将降低收入不平等程度;工资压缩效应(wage compression effect)是指在劳动力学历构成不变的情况下,劳动力的供求发生变化,导致教育收益率发生变化,进而对收入不平等程度的影响。由高学历劳动力供给的相对增加而产生的工资压缩效应会减少教育的未来收益,从而降低收入不平等程度。由此,教育的扩展对收入分配的效应在理论上是不确定的。白雪梅(2004)采用平均受教育年限衡量教育的不平等程度,基尼系数衡量收入不平等,发现两者呈紧密正相关关系。此结论与国外多数研究的结论相同。在人口众多的中国,劳动力市场具有两重属性,一方面技术劳动稀缺;另一方面非技术劳动又由于低学历人口基数庞大而呈现无限供给的态势。再加上地区劳动力市场分割、高级人才市场缺位等,结果随着教育的扩展,高技术劳动力和低技术劳动力的工资都呈现一定的"刚性"。因此,在现阶段的中国,工资压缩效应即教育的扩展对收入不平等程度的平等化效应表现不明显。平均受教育年限的增加会提高技术溢价,导致收入不平等程度加剧。

关于贸易是否有利于发展中国家人力资本积累,Findlay & Kierzkowski(1983)扩展了静态H-O模型,外生化人力资本积累,由于进口更便宜的技术密集型产品,教育的报酬率会下降,最终贸易扩大了要素禀赋的初始差异,进一步促使人力资本集中于技术充裕型国家,技术稀缺型国家的人力资本投资下降。Grossman & Helpman(1991)也得出了相似结论。Cartiglia(1997)和Eicher(1999)认为贸易会促进人力资本禀赋的集中。他们认为:使用技术劳动有利于技术的形成和创新(如教育部门雇用更多技术劳动),因而技术价格的提高对技术积累造成相反效应。由于信贷市场不完善,人力资本投资只能通过初始禀赋的自我融资,对于技术充裕型国家,贸易引致技术工资上升,提高了教育成本,加剧人力资本投资的信贷约束。Eicher(1999)建立一个外生增长模型,证明人力资本积累和技术改变成本的相关性。他认为非技术劳力将储蓄用于人力资本投资，这样对于技术充裕型国家，贸易引致非技术工资下降，导致人力资本融资可利用财产资源减少，提高了教育成本。在给定信贷市场不完善的条件下，存在财富分配的稳定状态。信贷市场不完善对人力资本的影响程度是通过改善稳态财富分配直接或间接体现的。因而，信贷市场是否完善是决定比较优势模式的一种制度变量。自由贸易能够刺激技术充裕型国家人力资本投资的提高，而技术工资的提高增加了教育成本，加剧信贷约束的程度。另外，自由贸易降低非技术工资，减少非技术劳力的财富遗产，从而其后代更易于遭受信贷约束。Ranjan（2000）认为，在技术充裕型国家，信贷市场较完善，人力资本投资回报率高；而在技术稀缺型国家，信贷约束的放松和收入分配的改变会带来积极效应。一般认为，低人力资本禀赋的国家信贷市场较不完善，高人力资本禀赋的国家信贷市场较完善。Finis Welch（2003）成功区分了人力资本投资的工作效应和配量效应。工作效应表现为劳动者单位劳动的投入产出效率，而配量效应，是与稀缺性资源相关联的，可分为发现机会的效率和抓住机会的效率。Chu Ping Lo（2004）发现教育投资能减轻全球化的副作用，在外包的就业和分配效应中具有特殊作用。一方面，教育投资通过加快技术进步提高了所有工人的实际工资，导致了在转型期更大的技术收益；另一方面，它也永久性地创造了熟练劳动力的相对供给，减少了技术收益。而事实表明，教育投资减少了工资差异，因为后者发挥了主要作用。以动态的视角看，一个成功的教育投资体制能够缓解伴随国际外包的工资差异化，反之，可能使之进一步恶化。南方国家的教育投资提高了其技术水平，促进了其更加成功地参与国际市场（更多的国际外包活动）。当南方国家熟练和非熟练劳动力的实际工资都获得提高（同时两者之间的工资差距不断缩小的时候），教育投资开始停止。同时，通过教育投资而不断增加的熟练劳动力的供给压低了技术报酬，提高了比较优势。因此，一个适当的劳动政策产生良性循环：使得所有劳动力都享受实际工资的提高，和更小的工资差距。随着更快速的技术进步和经济增长，国家将会有更多的资源投入到教育中，这将进一步产生更多的熟练劳动力并促进更大的技术进步。用类似方法来分析北方国家，由于北方国家在教育上的投资创造了大量的熟练劳动力，而这些劳动力又创造了更多的知识和创新，提高了技术储备水平。在长期中，由于熟练劳动力相对比例的上升，所有劳动力的实际工资都将增长，但是技术报酬将会降低。而教育投资不足会产生一个恶性循环：更低的实际工资和更大的工资差距。国际外包导致了对熟练劳动力需求的增长，但是对教育投资的缺乏会导致熟练劳动力的短缺。这个缺乏不仅扩大了工资差距，而且阻碍了技术的获取速度。后者同时意味着更低的生产增长率和更少地参与国际市场，就整个国家而言其导致了在实际工资上一个较小的增长。而更为可怕的是，Ingo Geishecker（2003）认为"在现行的比较弹性的相对工资体制下，低技术的劳动力非常有可能被永久地排除在劳动市场之外"。由上述文献可知，全球生产网络下的外包冲击导致了短期的就业损失，使劳动力需求出现了有利于高技术劳动力的转移；从长期看，得益于竞争力的提升、技术进步和教育投资的扩大，外包对就业和工资差异化的影响将大为缓和。

国家人口发展研究战略课题组（2000）发布"国家人口发展战略研究报告"中的数据表明，我国劳动年龄人口规模庞大。15 岁至 64 岁的劳动年龄人口 2000 年为 8.6 亿人，2016 年将达到高峰 10.1 亿人，比发达国家劳动年龄人口的总和还要多。目前农村剩余劳动力仍有 1.5 亿至 1.7 亿人，按人口城镇化水平年均增长 1 个百分点测算，今后 20 年将有 3 亿农村人口陆续转化为城镇人口。[①] 单是从数量上看，非技术劳动力资源近乎无限供给。劳动和保障部的数据显示，当前，我国技术劳动者占从业人员总量比重较低，全国技术劳动者总量占全国城镇从业人员的 33%，与发达国家技术劳动者占从业人员总量的比重在 50% 以上的情况相比，有很大差距。技术劳动者结构不合理，特别是高技术人才比例偏低，我国高级技工以上包括技师和高级技师占技术劳动者总量的 21%，与发达国家高技术劳动者比例一般为 30% 的情况相比，更存在较大差距。特别是制造、加工等传统产业和电子信息、航空航天等高新技术产业以及现代服务业领域，高技术人才严重短缺。[②] 2001~2006 年度，高级工程师（高级职称）、高级技师（职业资格一级）和技师（职业资格二级）的岗位空缺与求职人数的比率（求人倍率）呈现上升态势。见图 6-1。从 2011 年四个季度来看，各技术等级的岗位空缺与求职人数的比率均大于 1，劳动力需求大于供给。其中高级技师、技师和高级工程师的求人倍率较大，均达到 2.3 左右。见表 6-1。

---

① 国家人口发展战略研究课题组：《国家认可发展战略研究报告》，《人口与计划生育》2007 年第 3 期，第 10~16 页。
② 2006 年经济回眸：理性看待经济高增长下的就业形势，《中国信息报社》，2007 年 1 月 24 日

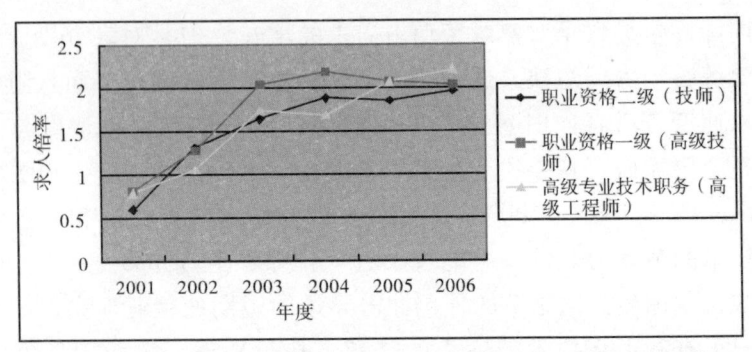

图 6-1　2001~2006 年度部分技术等级供求变化（求人倍率）①

表 6-1　2011 年部分城市技术等级求人倍率情况②

技术等级	第四季度	第三季度	第二季度	第一季度
职业资格五级（初级技术）	1.40	1.42	1.48	1.52
职业资格四级（中级技术）	1.59	1.59	1.50	1.47
职业资格三级（高级技术）	1.67	1.73	1.71	1.72
职业资格二级（技师）	1.97	1.67	1.77	2.19
职业资格一级（高级技师）	2.68	1.61	1.45	1.89
初级专业技术职务（技术员）	1.42	1.50	1.60	1.58
中级专业技术职务（工程师）	1.54	1.59	1.68	1.61
业技术职务（高级工程师）	2.56	2.19	2.37	2.29
无技术等级或职称	/	/	/	/

与此同时，高技术人才老龄化趋势已经显现，不少老企业的核心技术掌握在 40 岁以上的工人手中，更有甚者诸多工作只有返聘退休职工才能完成。广东省劳动保障部对 2007 年 1 月~6 月人才市场调研显示：广东对技术型人才的需求是 3.8 万人，而实际求职的只有 2.5 万人。结构性矛盾在对劳动技术要求较高的制造业中表现突出：与 2006 年同期相比，工业企业对技术型劳动力的需求增加了 78%。根据《中国劳动统计年鉴（2011）》③，2010 年我国大专以上就业比例最高的八种行业依次为：教育（63.1%）、文化体育娱乐业

---

① 中国就业网：2011 年度全国部分城市公共就业服务机构市场供求状况分析 http://www.lm.gov.cn/DataAnalysis/node_ 1178.htm

② 同上

③ 国家统计局：《中国劳动统计年鉴 2011》，《中国统计出版社》，2012 年 3 月。

(52.4%)、金融业（49.5%）、科学研究、技术服务和地质勘查业（48.8%）、信息传输、计算机服务和软件业（42.1%）、卫生社会保障和社会服务业（35.3%）、房地产业（33.3%）以及公共管理和社会组织（27.2%）。制造业该比例仅为4.7%。大学以上就业人员比例最高的行业主要集中在服务部门尤其是公共服务部门。而对经济增长贡献最大的制造业中未取得大专以上学历的就业比例达93.5%，只有不到2%的人员受过大学以上的教育。

李晓华（2007）用普通最小二乘法（OLS）方法估计标准的明瑟收入模型，所得到的各年的教育回报率估计值见表6-2。第一列为工人受教育年限的回归系数，观察这一系数随时间的变动情况，可以发现这些年间教育投资回报率呈现出稳定的上升趋势，年均教育投资回报率从1988年的4.0%上升到了2003年的11.5%。后四列分别报告了各个教育层次工人相对于小学及小学以下工人组的工资差异，发现：1988~2003年间各个教育层次的回报率都得到了大幅度的提高，尽管增长的幅度有很大的差别。教育回报率的增长速度和教育层次的高低相一致，意味着在其他条件相同的情况下，受过更高层次教育的工人相对于只接受小学及以下教育的工人而言，二者因教育不同所导致的工资增长速度的差距越来越大。其中，受过大专及以上教育的工人在这一过程中受益最大，相对教育回报率从1988年的37.3%迅猛上升到2003年的87.1%。在此期间，中专或技校毕业生的相对教育回报率从28.0%增加到59.6%；高中毕业生的相对教育回报率从25%上涨到40.8%；初中毕业生与小学及以下教育程度的工资增长差距最小，在这一过程中相对增长也比较温和，相对教育回报率仅从1988年的13.9%提高到2003年的22.1%。由此可知，我国劳动力市场的技术报酬（溢价）体现了高技术人才在劳动力市场结构的稀缺。劳动和社会保障部的一项研究（2002）表明，职工的受教育水平与平均工资成正比，也就是说技术报酬溢价基本能反映劳动技术供给水平。因而从理论来看，由于人力资本积累差距导致的工资收入差距应该会促进更多的低技术劳动者加大对自身的教育投资，从而带动高技术劳动力供给的增加以满足需求，进而相对工资差距逐步缩小。那么，中国融入全球生产网络体系下的人力资本培育机制是否有利于低技术劳动力的人力资本投资，从而对相对工资差距的影响是怎样的？本章通过分析低技术或非技术劳动者的人力资本积累意愿、动力以及企业和政府的外部培育机制，以此分析相对工资差距的变化。

表6-2　中国城镇教育投资回报率的估计值①，1988~2003

年份	受教育年限	大专及以上	中专或技校	高中	初中
1988	4.0	37.3	28.0	25.0	13.9
1989	4.7	43.7	35.1	29.3	17.7
1990	4.7	41.3	34.4	24.7	13.0
1991	4.4	39.2	31.3	23.2	13.5
1992	4.7	40.9	30.0	20.8	11.0
1993	5.2	45.9	32.4	25.4	13.8
1994	7.3	63.6	49.7	34.9	20.3
1995	6.7	58.9	46.6	34.7	19.3
1996	6.8	55.8	41.0	30.5	15.0
1997	6.8	50.5	40.1	28.2	10.7
1998	8.2	60.8	45.3	28.8	12.0
1999	10.0	73.4	52.4	35.1	14.2
2000	10.1	75.7	53.3	37.0	16.5
2001	10.2	72.7	53.2	35.3	13.9
2002	11.3	81.6	54.9	39.0	16.6
2003	11.5	87.1	59.6	40.8	22.1

注：回归结果来自标准的明瑟方程，包括性别和地区虚拟变量；分别估计各年的工资方程得到上表。

第一节　教育机制

一般地，人力资本文献中，教育特指正规学校教育。本节分析全球生产网络下教育机制对人力资本积累差异的影响。

一、农民工在制造业工人中占了绝大部分比例

从2003年到2010年，陆续进入非农产业就业的农民工达2亿多名，没有城市户口的农村打工者从事加工制造业比重为34.8%，比上年提高2.5%。其

---

① 李晓华：《技术回报、经济转型与工资不平等的增长》，浙江大学博士学位论文，2007年8月。

次是建筑业20.2%，比上年下降2.7%，社会服务业占10.6%，住宿餐饮业6%，批发零售业4.7%。1/3以上农村劳动力成为非农产业工人。[1] 例如，目前广东每3个非农产业从业人员中，就有2个是农民工，在深圳和东莞，农民工是当地户籍劳动力的4倍和6倍。应当指出，农民工和非技术劳动者并不是完全等同的概念，非技术劳动者中也有部分城市居民，农民工中也有受教育程度高或者具备一定技术的，但是更多的农民工属于非技术劳动者。中国以农民工形式发生的农村劳动力向城市大规模流动，始于20世纪80年代末和90年代初，至今已有近20年的时间，农民工的流动是与加工贸易的发展联系在一起的。改革前，中国劳动力市场是一种典型的二元劳动力市场，表现为运行特征各异的城市劳动力市场和农村劳动力市场（赖德胜，1996）。这是由优先发展重工业及相应的一整套体制如农产品统购统销制度、人民公社制度和户籍制度决定的（蔡昉，2000）。改革开放后，随着农业生产力快速提高，农村剩余劳动力出现了。此时，乡镇企业的快速发展实现了农村剩余劳动力的内部消化，农民进城的压力和动力并不大（张曙光等，2003）。当农村剩余劳动力进一步释放出来，90年代初期出现了第一次民工潮，此时，劳动力流动以省内流动为主。在1992年邓小平"南巡"之后，外商直接投资大幅度增加，加工贸易大幅度增加，对劳动力需求剧增，必须要外省廉价的剩余劳动力来弥补沿海地区加工贸易大省的劳动力缺口，于是以跨省流动为主的民工潮就形成了。见表6－3。

表6－3 农村劳动力外出增长情况[2]

年份	全部外出劳动力 总数（万人）	比上年增长（%）	其中：出省劳动力 总数（万人）	比上年增长（%）
1997年	3890	—	1488	—
1998年	4936	26.89	L872	25.81
1999年	5204	5.43	2115	12.98
2000年	6134	17.89	2824	33.52

---

[1] 劳动和社会保障部等6部门：《2003～2010年全国农民工培训规划》，中国网2003年10月1日。引自http://www.china.com.cn/

[2] 蔡昉：《劳动力市场变化趋势与农民工培训的迫切性》，《中国职业技术教育》2005年第11期，第17～20页。2005年数据来自《2005年农村外出务工劳动力继续增加》，《调研世界》2006年第5期，第7页。

续表

年份	全部外出劳动力		其中：出省劳动力	
	总数（万人）	比上年增长（%）	总数（万人）	比上年增长（%）
2001 年	7849	27.96	3681	30.35
2002 年	8399	7.01	3897	5.87
2003 年	9831	17.05	4031	3.44
2004 年	10260	4.5	4299	6.65
2005 年	12578	6.4		

注：在 2000 年之前，农村外出劳动力定义为离开本乡，且在外地居住超过 3 个月以上者。从 2000 年起定义为离开本乡，且在外地居住超过 1 个月以上者。

更为重要的是，外资企业之所以成为加工贸易的主力军，而国有企业却逐渐退出加工贸易领域，更深层次的原因在于外资经济加剧了制造业部门中城市二元劳动力市场的形成。国有企业职工的下岗分流促使城市政府特别大城市政府实施了一系列就业歧视政策。为了优先保障本市居民就业，城市政府大多制定了很多歧视外来工（主要是农民工）的就业政策，限制外地工人在本市就业，进一步加剧了城市劳动力市场的分割。由于大多数农民工的受教育水平和劳动技术偏低，很难胜任技术含量比较高的工作。相反，城市劳动力由于拥有收入水平较高、生活条件比较优越和受教育程度较高从而具有更高的劳动技术，越来越倾向于选择相对舒适和对人力资本要求更高的职业和岗位，而这一市场是城市农民工很难进入的（王怀民，2005）。谢桂华（2007）对 1999～2000 年间所做的 6 城市（北京、天津、长春、南京、武汉、西安）劳动力市场融合调查表明：农民工只是在市场准入方面受到限制，一旦进入劳动市场，农民工和城市工的工资收入受人力资本（包括教育、工作培训和工作经验）积累差异的影响。与未接受过高中程度教育的工人相比，接受过高中程度教育的工人的收入要高 5%，而接受过大专及以上教育的工人的收入要高 14%，接受过在职培训的工人的收入要比未接受过在职培训的工人的收入高 5%。人力资本积累水平影响劳动者的择业行为和择业效果。大部分受教育程度低者往往只能从事一些简单的、体力型的工作。工作时间过长，收入水平过低可能导致农民工低人力资本局面长期存在，影响我国劳动力素质的提高。这一方面是由于他们参加工作前所受教育不多，另一方面也跟他们外出打工后工作时间偏长、补偿少、收入低及不享受社会保障和福利有关。工作时间过长，会使劳动者将全部时间用于简单重复性劳动，不利于他们利用工余时间自觉接受技术培训和一般的文化课学习，从而无法提高劳动技术和进一步了解外面世界。收入水平低，也限制了他们进一步学习的机会。根据2006年《广东省万名农民工和千家企业抽样情况报告》，农民工参加职业培训的愿望强烈，但受制条件较多。高达70.6%的受访者表示很想参加培训，其中希望参加职业技术培训的占66.3%，希望参加工程师等专业培训的占12.8%，参加一般知识学习的占5.9%；只有8.9%的人不想参加培训。限制农民工参加培训的原因主要是付不起学费和没时间，比例分别为34.8%和31.4%，回答学不好的占13.4%，只有6.1%的人认为对就业没多大帮助。

二、加工贸易的高端环节需要大量熟练的技术工人

加工贸易的高端环节需要大量熟练的技术工人，我国的现实状况还无法满足实际需求。根据国务院研究室课题组的调研，2004年农民工有65.5%的比例是初中文化，未受过培训的农民工比例高达71.8%。见表6-4。

表6-4　农民工受教育程度和职业技术水平调查①

	2004年	2003年	2002年	2001年
按文化程度划分				
文盲、半文盲	2.0	1.9	1.8	1.7
小学	16.4	16.7	17.1	17.9
初中	65.5	66.3	65.9	65.7
高中	11.5	10.8	11.3	10.9
中专及以上	4.6	4.3	4.0	3.8
按技术程度划分				
受过培训	28.2	20.7	17.5	16.8
未受过培训	71.8	79.3	82.5	83.2

同时，现行教育体制重学历教育、轻技术培训以及重普通学历教育、轻职业教育以及教育资源配置不当，这些都导致我国高级工、技工和技师的缺乏。首先，当前我国技校办学经费严重不足。尽管规定企业用于培训经费必须占到职工工资总额的1.5%，但这捉襟见肘的经费往往仍不能按时到位。就连近年

---

① 国家统计局农调队历年调查数据。转引自国务院研究室课题组：《中国农民工调研报告》，中国言实出版社2006年，第84页。

来对职业教育十分重视的广东省，职校学生人均经费还是低于普高生人均经费，而职业教育要从事大量实践操作，人均培养成本比普高教育的人均成本高出许多，焊工、钳工等操作类职校生人均年培养成本要万元左右。经费的短缺又导致了技校师资的严重不足，按劳动部有关规定，技校师生比应为1∶18，而广东全省的现实情况是1∶35；且"双师"型师资比例很低，不少年轻老师是从学校到学校，没有一线实践操作经验，往往不能胜任。其次是职业教育生源不够，高技术后备人才不足。观念陈旧，即传统上大学才叫出人头地思想依旧占据人们意识主流。从1997年开始，全国技校招生数量持续走低，到2006年，全国在校学生321万人。技校招生困难使得大量教学设施闲置，技工教育存量资产严重流失。全国技工学校的数量也已从20世纪90年代中期的4500所减少到了2006年末的2880所。广州市高级技工学校是国家重点技工学校，就业率达到98%以上，大部分专业的毕业生尚未毕业就被抢订一空，然而该校招生就业处负责人坦言，虽然技术人才就业前景非常看好，但技校普遍存在招生压力。主要原因是社会对技术人才的观念还未根本转变过来，一些家长甚至认为孩子读技校是没有前途、不得已的事情。①

第二节　培训机制

在调查中，作者发现，一些依赖于低廉的劳动力进行组装生产的加工贸易企业往往忽视对企业设备的更新、新技术的使用以及人力资本的投资。创新实践更多、技术进步更快的企业会向员工提供更多的培训，而且企业更倾向于向教育程度更高的员工提供培训。这其中的原因比较多：

一、企业尽量利用手工

企业本身赚取的利润少，尽量利用手工而不采用设备创新。特别在一些纯粹接订单的代工企业表现尤甚。虽然机器作业简单高效，但在利润最大化的驱动下，一些企业宁可用手工，一方面因为招用农民工灵活，淡旺季处理方便；另一方面，若购买大型机械设备，遇到淡季或订单减少，企业就要承受资金占用的压力。譬如，一家台资塑胶厂在东莞已立足10多年，2003年，这家企业在上海一工业园投资2亿多元建成一家现代化的塑胶厂，2005年在湖南和江

---

① 雨恒山：《透视技工荒》，《劳动保障世界》2006年第8期，第23~26页。

西以月底薪1000元招了一批技校毕业的学生。但它在东莞的老厂，生产线十多年依旧，工人工资十多年也一成不变。东莞一电子厂的老板算了一笔账：电子厂的贴片焊接车间，如果全自动贴片机处理，每件产品的加工成本是6元，手工操作则是2元。在类似这样的厂工作，只有简单的机械加工，生产技术三个月学会，五个月精熟。

二、企业缺乏创新力

企业是否具有创新能力往往取决于企业组织是否拥有高素质的人力资源。人力资源的培养和创新能力的发挥取决于对人力资源培训的投资和对人力资源创新能力的激发，而后者取决于对人力资源的经济报酬（如效率工资理论）和非经济报酬的激励（公平、和谐的竞争环境）。根据全国工商联2006年的调查数据：员工培训支出占企业销售收入的比例平均仅有1%左右，更有25%的企业对员工的培训投入是零。[①] 从企业自身培养来看，中国企业缺乏核心的制造技术，在研发、设计、营销等高端价值环节不具有明显的竞争优势。中国以加工和组装为主融入全球生产网络，在没有更为高昂的制度成本限制下，这些行业和部门的资本总会去追求边际效益更高的其它出路，而不会在人力资源的获取上付出更大的投资。因此，在制造业结构低端化的情况下，企业缺乏进行技术性工人培养的压力，生产模式所决定的培训体系的缺失导致技术人才的储备严重不足，当企业生产扩张和技术发展需求技术型工人时，供应不足的问题立刻暴露出来，并通过结构性"民工荒"现象集中爆发。

三、劳动力流动性偏高

对于企业而言，它愿意向那些与之有良好匹配、雇佣关系稳定的员工进行人力资本投资，因为这些员工的离职倾向低，企业可以在较长时间内逐步回收投资成本。相反，企业不愿意向那些流动倾向高的员工进行投资，他们的工作转换将会剥夺企业人力资本投资的外部性。在充斥着短期合同的我国劳动力市场中，员工的高流动性将剥夺企业培训投资的外部性，企业不可能向员工提供大量的培训投资。从调查中可以发现，员工与企业所签订的劳动合同更多的是1年期和3年期的短期合同，两者总共占到了全部样本的70.4%，5年到8年

[①] 全国工商联：《2006年度中国民营经济发展分析报告》，《财经》网络版，2007年2月14日，引自 http://www.sachina.edu.cn/htmldata/news/2007/02/3384_1.html

的中期合同以及 8 年以上的长期合同分别只占了 15.1% 和 1.45%。这说明，绝大部分的就业人员与企业建立的雇佣关系是很不稳定的。根据 2006 年《广东省万名农民工和千家企业抽样情况报告》①，80.4% 的受访者打工时间不足 5 年，打工不到 2 年的占 51.8%，打工 10 年以上的仅占 6.1%；受访用人单位中，3 年内新老员工置换 80% 以上的占 68.9%，其中有 21.3% 的企业每年新老员工置换率在 80% 以上。这与作者的调研结果相似。一般认为企业 5% ~ 10% 的员工流动率是正常的，正常的流动既有利于员工素质的提高，也有利于知识在不同企业间的传播。根据表 6-5 的数据，这一比例占被调查企业的 26.77%，居第一位，低于 5% 流动率的企业占 31.7%，高于 10% 流动率的企业占 41.53%，总的来说广州市加工贸易企业员工流动率偏高。这充分说明当前农民工就业缺乏稳定性。大多数农民工采取两栖的生活方式。农民工具有较强的乡土情结，再加上回乡投资、子女上学等因素，劳动力回流情况比较明显。较高的就业人员的流动率打击了企业对人力资本投资的动力和意愿。

表 6-5　加工贸易企业员工流动比例②

	企业数（家）	占样本比例（%）
3% 以下	15	8.20
3~5%	43	23.50
5~10%	49	26.77
10~15%	40	21.86
15% 以上	36	19.67
接受此项调查企业	183	100.00

四、劳动力素质普遍偏低

劳动力素质普遍偏低，很多只有初中或以下学历。与城市劳动力相比，农民工的文化水平不高，他们绝大多数外出前不掌握必要的专业技术，2003 年，我国农村居民人均受教育年限仅为 7.6 年，比城镇居民低 3 年。农村的小学和初中文化程度人口在总人口中占 75%。目前，农村劳动力中接受过短期职业

---

① 广东劳动和社会保障厅课题组：《广东省万名农民工和千家企业抽样情况报告》，2006 年。
② 《广州加工贸易转型升级》课题组问卷调查结果统计。

培训的占20%，接受过初级职业技术培训或教育的占3.4%，接受过中等职业技术教育的占0.13%，而没有接受过技术培训的竟高达76.4%，较低的文化素质和职业技术不利于企业的人力资本投资。表6-6表明，95.1%的农民工外出打工前没有接受过家乡政府的技术培训，66.8%的农民工没有接受到打工所在地提供的技术培训。企业对已就业农民工的在职培训十分薄弱，企业普遍没有履行对农民工进行职业培训的法定义务。

表6-6 农民工接受家乡政府及打工所在地提供培训情况[1]

		频数	百分比
打工前家乡政府提供的技术培训	没有	2935	95.10%
	有	148	4.80%
	缺失	3	0.10%
2005年以来打工所在地提供技术培训	没有	2061	66.80%
	有	1025	33.20%

五、劳动力的健康投资不足

国家统计局2004年所做的调查显示，农民工平均每周工作6.4天，每天工作9.4小时。另据劳动保障部2005年快速调查，签订劳动合同的农民工人数占农民工总数的28.7%，参加城镇职工基本养老保险的占13.8%，参加城镇职工基本医疗保险的占10.0%，参加工伤保险的农民工占农民工总数的12.9%。由于统计口径和调查误差等原因，农民工实际参保率很可能还要低。例如，东莞市2004年农民工退保40万人次，平均参保时间仅7个月。农民工虽然眼下吃"青春饭"、养老问题不尖锐，但农民工生病时，由于无法承担城市高额的医疗费用，只能硬挺，或者到游医和其他私人诊所看病，因病重新返贫问题突出。[2]

全球生产网络分工体系下，企业更偏好于对技术劳动的人力资本投资和在职培训。周礼（2006）调查了浙江制造业68家企业，发现教育程度对培训参与率的决定作用基本上呈现了单调递增的趋势，即随着员工教育程度的不断提高，员工参与企业提供的培训的机会越来越高。例如初中及以下学历的员工的

---

[1] 吴潇雯、赵旭英、李超海、曹志刚、李俞晓、苏丹（城市化进程中的农民工问题课题组）:《珠江三角洲农民工调查报告》，《珠江经济》，2007年第8期，第61~74页。

[2] 国务院研究室课题组:《中国农民工调研报告》，中国言实出版社，2006年，第26~84页。

总培训参与率仅为 25.2%，高中学历的员工就达到 40.2%，本科学历和本科以上学历的员工分别高达 53.6% 和 71.4%。随着员工教育程度的提高，员工的企业内部培训、职业教育和培训、高校培训和咨询公司培训呈现了递增的趋势。见表 6-7。

表 6-7　员工特征与企业培训参与程度[①]　　　　　单位:%

		企业培训类型						样本数
		(1)	(2)	(3)	(4)	(5)	(6)	
教育程度	初中	25.2	—	17.0	5.5	0.5	1.4	218
	高中	40.2	3.8	26.0	11.6	1.3	5.0	758
	大专	49.7	4.9	26.7	21.6	3.7	9.5	589
	本科	53.6	4.4	26.8	16.6	9.6	13.9	459
	本科以上	71.4	—	61.9	18.6	—	23.8	21

注：表中（1）表示员工参与任何一种培训实践的参与率，（2）、（3）、（4）、（5）和（6）分别表示员工参与企业提供的再教育、内部培训、职业培训、高校培训和咨询公司培训的参与率。

在参与《广州加工贸易转型升级》课题的调查中，作者也发现，高人力资本积累的劳动者易获得企业培训和学习的机会。表 6-8、表 6-9 和表 6-10 显示了关于加工贸易企业培训情况的调研结果。从中可以看到，加工贸易企业对管理人员的培训比较重视，高层管理人员在境外培训的比例比较高，占 46.15%，对中层管理人员的培训主要在国内进行，占 51.75%，培训方式也比较灵活，采用了诸如本企业提供、培训机构提供、母公司提供等多种方式。从培训强度看，平均每人每年培训时间以 3~7 天和 1~2 星期两种短期培训居多。高比例的培训有利于促进管理人员和技术人员等高技术人才素质的提高、观念的更新和相互之间的沟通。例如，安美特化学有限公司（广州）对高中或中专毕业的技术员进行每隔一年的培训，以适应关键技术装备的操作和维护。同时，定期接受国外专家的指导和培训。高级技术员外派荷兰、德国总部进行学习。美国通用塑料有限公司的全套设备实现了自动化生产，操作工人均要求大学本科学历。实际上是机器设备的"管理员"而不是流水线的普通工人，其责任是维护机器设备的正常运转。这些技术员会定期接受公司

---

① 周礼：《技术进步和人力资本形成——基于员工和企业的微观视角》，浙江大学博士学位论文，2006 年。

的培训。同时,在调研中,作者考察了企业的行业变量,发现,以电子、机械为代表的技术进步更快的行业中的企业,相对于食品、纺织、服装等技术进步比较慢的行业中的企业,会向员工提供更多的培训。这表明了具有创新和技术进步的企业向员工提供了更多的培训,这些企业会在员工培训上有更多的投入。

表6-8 加工贸易企业高层管理人员培训情况[1]

	企业数(家)	占样本比例(%)
出国培训	18	46.15
国内培训	22	56.41
本企业提供培训	13	33.33
培训机构提供	9	23.08
国外母公司提供	6	15.38
政府提供	6	15.38
接受此项调查企业	39	189.73

说明:由于问卷存在多选选择,因此,比率总和不为100%。

表6-9 加工贸易企业中层管理人员与技术人员培训情况[2]

	企业数(家)	占样本比例(%)
出国培训	26	18.18
国内培训	74	51.75
本企业提供培训	84	58.74
培训机构提供	39	27.27
国外母公司提供	16	11.19
政府提供	12	8.39
接受此项调查企业	143	175.52

说明:由于问卷存在多选选择,因此,比率总和不为100%。

---

[1] 《广州加工贸易转型升级》课题组问卷调查结果统计。
[2] 《广州加工贸易转型升级》课题组问卷调查结果统计。

表6-10　加工贸易企业中高层管理人员平均每人每年培训时间①

	企业数（家）	占样本比例（%）
3天以下	36	21.56
3~7天	54	32.34
1~2星期	48	28.74
2~3星期	11	6.59
3~4星期	7	4.19
4星期以上	11	6.59
接受此项调查企业	167	100

综上，非技术劳动与技术劳动享受培训、再教育和健康投资的机会并不均等。非技术劳动在全球生产网络下获得人力资本积累的机制并不完善。由于企业自身偏好投资高技术劳动而非低技术劳动，反而进一步加剧人力资本投资的不平衡，导致非技术劳动和技术劳动的人力资本差距。

第三节　"知识溢出"机制

人力资本积累的知识溢出效应（spillover effect）含有两层含义：一是从事生产的过程是获得知识的学习过程，即干中学（learning by doing）。从事生产的劳动力获得知识是个内生的过程，获取知识的主要方式是在职学习，而作为在职学习主要方式的"干中学"又是多次重复经历的过程，也要有物质资本投入。这表明知识是隐含的，内嵌于资本设备中，物质资本投入越多，"干中学"的效率越高，人力资本积累就越大。知识溢出效应的第二层含义是水平外溢，即learning by interation，指在相互交流中劳动者获得新的技术或在不同的发展平台获得技术溢出的可能性或程度不同。

一、非技术劳动获得"知识溢出的可能性很小

在全球网络分工模式下，中国承接的劳动力密集型生产环节从低到高的路径包括简单加工装配———一般零部件生产——关键中间投入品生产——最终产品的生产。而越低层次的工作，其要求的劳动力越容易被复制和可替代。《加

---

① 《广州加工贸易转型升级》课题组问卷调查结果统计。

工贸易转型升级与结构优化研究》课题组对 150 家加工贸易企业问卷调研结果显示：产品装配和一般零部件生产的企业比例占了 72%。在生产模式上有 178 家加工贸易企业中有 21.3% 的企业从事低技术的简单产品装配，42.1% 的企业采用 OEM 模式生产，27.5% 的采用 ODM 方式，9.0% 的企业已开始采用 OBM 生产模式。见表 6-11。对于没有创新能力和核心竞争能力的企业，一般为大供应商分包出来的小订单接收方，由于本身加工装配环节没有任何技术含量，一线工人在技术溢出以及依靠"干中学"提高技术、发展自我的机会等于零。由表 6-12 可知，加工贸易企业生产方式 73.3% 以流水线作业为主。为了尽可能的利用劳动力，即使稍微有点技术性的工作也被分解成很多单一性的流水式工序，每个工人针对这一种岗位进行重复式操作，难以接触到技术生产的全过程，这就很大程度上排除了工人通过"干中学"成为技术能手的可行性。在产品生产装配环节，简单的重复操作无法提高工人的技术水平。低技术劳动者只会被锁定在简单流水线操作中。

表 6-11　加工贸易企业生产模式调查[①]

	企业数	占样本比例（%）
产品装配	38	21.3
OEM	75	42.1
ODM	49	27.5
OBM	16	9
接受此项调查企业	178	100

表 6-12　加工贸易企业生产方式[②]

	企业数	占样本比例（%）
无任何技术	1	0.5
手工工艺	18	10.2
单机器生产	13	7.4
流水线作业	129	73.3
高技术型	28	15.9
接受此项调查企业	176	

注：由于问卷存在多项选择，因此，比率总和不为 100%。

[①] 刘德学主持：《加工贸易转型升级与结构优化研究》，国家社会科学基金项目编号（04BJY063）课题组问卷调查。

[②] 同上

在本章第二节已经表述了农民工的高流动性不利于企业的人力资本投资，而高流动性同样不利于工人的"干中学"。产业工人的素质不仅可以通过学校教育，更重要的是可以通过"干中学"、"看中学"而不断增长才干。但由于户籍等制度问题，使加工贸易企业员工的主体——"农民工"——无法安居乐业，导致企业员工流动率过高，过早返乡务农，这既剥夺了他们自身在"干中学"中进一步提高的机会，也剥夺了他们的后代在工业文化和产业工人家庭中熏陶——"看中学"——的机会。

二、高技术劳动获得知识溢出的可能性更大

溢出效应的大小取决于公司能力（包括企业的创新能力、管理能力和吸收转化能力）、劳动人员文化素质和职业技术的差异。实证调查发现，包括企业家、高级管理人员、中层和基层管理人员、技术开发人员等在内的各类人员之间都存在高频率的非正式沟通，为技术和管理知识和信息在企业内和企业间的流动提供了最有效的途径（Angel，1989）。Arrow（1962）也证明了物质资本投入越多，"干中学"的效率越高，人力资本积累就越大。因而，人力资本积累的知识溢出效应与劳动者所处企业的投资背景和所处行业密切相关。从加工贸易企业的投资背景看，内资企业的技术水平总体上落后于外商投资企业，但值得注意的是，它们当中的一些自主创新创业性企业表现出了突出的创新能力和升级潜力；在外商投资企业中，有大型跨国公司投资背景企业的技术水平要明显高于中小型企业投资的加工贸易企业，这是因为中小企业投资的主要目的是利用廉价劳动力，他们进行的多是发达国家转移的劳动密集型产业链条的再转移。一般而言，在具有创新能力和升级潜力的规模较大的企业，以及资本密集型产业的 OEM 和 OBM 阶段，比如计算机、集成电路、运输设备、钻石加工、化学品加工等，一些加工贸易发展的主要行业所需关键技术装备仍主要靠进口，其操作的工人需要高中、中专或技校毕业，企业的培训机会多，随着企业的加工贸易转型升级，更有利于技术人才人力资本积累。

Lucas（1993）指出，同一种产品所带来的干中学的边际是递减的，东亚地区不断通过技术模拟，引入新产品，避免了干中学收益递减的现象。如果长期从事一代产品的生产，从中所获得的干中学的能力会变得很低，而不断地引入新产品，将会使工人干中学的能力从更高的起点开始。在第五章我们分析到，由于全球生产网络治理模式的动态转化，从层级制、领导型向关系型或模块型升级，从而激励企业不断地在工艺加工水平上提高创新，相辅相成地，企业员工自身的素质需要进一步提高，对具备一定技术含量的工种进行业务素质

提升和培训就成为必须，从而人力资本也不断地积累。也就是说，只有在不断具有创新的企业才能不断提高获得干中学的能力，从而避免了陷入干中学的边际收益递减困境中。作者对广州一家德国独资化学有限公司进行了调研，该家公司生产电镀添加剂，为钢铁、铝以及工程塑料等各种材料的装饰性及功能性表面处理技术，包括通用五金电镀、印刷线路板以及半导体互连、晶圆级封装等。1998年投产，该公司从OEM到OBM，70%~80%为来料加工，目前除了印刷线路板的表面处理技术为100%来料加工外，其余均为一般贸易或内销。公司员工近1000人，其中技术中心（含研发、应用部门）有50~60人，负责人称没有招工难问题，一线工人需要高中毕业（需要了解化学知识），其他技术员需要中专、技校毕业。技术员定期送到德国总部培训，员工流动率每年5%。虽然负责人对工资称保密，但从当地经发局一名科长得知，其新就业工人达1500元/月。

第四节 小结

我国劳动力市场结构的特点是：非技术劳动力资源近乎无限供给，而技术劳动占从业人员总量比重较低，各技术等级的求人倍率均大于1，劳动力需求大于供给。从非技术劳动和技术劳动的人力资本积累差距现状、企业的投资意愿和投资动力以及"知识溢出"机制进行分析，得出结论如下：加工贸易的高端环节需要大量熟练的技术工人，我国的现实状况还无法满足实际需求。由于一线工人普遍是农民工，其高流动性、较低的文化素质和职业技术不利于企业的人力资本投资；而我国制造业在融入全球生产网络结构的低端化形成的价值分配体制进一步制约了企业对人力资本积累的动力和意愿。企业自身偏好于投资高技术劳动力会导致初始人力资本差异进一步扩大。同时，全球生产网络下人力资本积累的"知识溢出"效应与劳动者所处企业的投资背景和所处行业密切相关，非技术劳动只会被锁定在简单流水线操作中，从"知识溢出"获得"干中学"的机会相当于零；相反越高技术劳动力对新技术的适应能力越强，吸收知识的速度越快，通过"知识溢出"机制只能形成对高技术劳动者的人力资本积累而无法实现对低技术劳动者的人力资本积累。综上，全球生产网络人力资本积累机制的不完善会导致高技术劳动缺乏，从而人力资本差异扩大，扩大相对工资差距。

第七章

全球生产网络外部治理与工资差距

就劳动者工资收入而言,劳动力的数量与质量是主要决定因素,相对劳动力的供求关系对相对工资水平起决定性影响。第五、第六章从治理模式和人力资本积累机制分析了全球生产网络体系对技术和非技术劳动力相对需求和相对供给的影响。全球生产网络作为经济社会中一种企业间组织,除了网络内部关系的协调和管理外(内部治理);还存在外部治理,如文化习俗、质量标准、环保标准、劳工标准、政府政策、国际规则等。近年来流行的ISO9000质量标准、ISO14000环境标准、SA8000劳工标准等都属于外部治理。外部治理主体包括企业、政府、政府间组织(如WTO)、非政府组织(如工会、国际人权组织,环保组织等)。全球生产网络是如何通过外部治理影响相对工资水平的?本章从外部治理的角度,考虑工会、跨国公司及政府三个主体,进而考察相对工资的动态趋势。

第一节 工会及社会资本

在发达国家,工会和雇主组织的谈判协商活动十分普遍,因此西方劳动经济理论中出现了"谈判工资理论"。如在日本每年春天进行"春斗"的谈判活动对确定劳动者的工资福利待遇就起着十分重要的作用。而发展中国家的一个显著特征是非技术劳动力市场的不完善,表现在劳资力量不对称、劳动力自由流动受限制等。技术劳动力受雇于正规部门(企业),获得相对平等的契约工资(或工会工资,unionized wage);而非技术劳动力受雇于非正式部门,获得更低的竞争性工资。根据文跃然(2006)的研究,从1990年到2005年,中国劳动报酬占GDP的比率下降了12%,我国目前的劳动者薪酬过低没有办法通过劳动者议价主动矫正(由第五章第四节可知,劳动者薪酬过低,主要体现为非技术劳动的工资过低,而我国高技术人才如管理人员的工资与亚洲其他国家如韩国相比，已处于较高位置），有几个客观因素：一是劳动者供应过于充分，这使得劳动者对薪酬毫无议价能力；二是法律法规也没有给予劳动者简易、低成本的议价渠道。本文在对加工贸易企业的调研中发现：一方面企业不设工会或工会并没有真正代表工人的利益。工会很容易受控于资方。同时，GDP 仍是不少地方政府政绩考核的"硬"指标，招商引资成了这些政府的头等大事。一些政府部门看重资方利益，把廉价劳动力和土地作为吸引投资的条件。认为提高劳动力工资会削弱本地的经济竞争力、影响企业发展和外贸出口，所以在进行劳动监管，提高工人工资，保障工人福利等方面无所作为，甚至站在资方的立场，损害劳动者的权益。另一方面是广大的普通工人、非技术劳动者更多地来自传统农村社区的农民工。经 2004 年的农调队调查，65.3%的外出农民工是经老乡亲友的介绍或带领下外出务工。其社会资本主要基于传统的亲缘地缘关系网络，这决定了他们获得就业信息渠道的单一、维权意识的淡薄和谈判力量的薄弱。社会资本包括社会网络、信任和社会规范等要素。社会资本的高低可以通过诸如社团组织的数量、社会关系的多少、成员之间的信任程度等指标来衡量。社会资本高可以促进信息流通，促进协调合作，增加化解社会经济活动风险的非正式手段。在城市中生活，由于制度分割、社会歧视及居住环境等使农民工难以融入城市社会，社会资本相对缺乏，限制了他们的择业空间，同时维权意识也缺乏。这种状况，注定了劳工与资本的不平等的"博弈"关系。由此进一步导致工资谈判力量薄弱。

　　20 世纪后期，西方发达国家先后进入后工业化时代即知识经济时代，智力劳动从而知识在生产中越来越起着关键作用，这使得通过对劳动者劳动过程控制的管理模式过时了，因为智力劳动是无法用控制型管理模式进行管理的。相应地，资本支配劳动的格局也发生了很大的改变，知识在某种程度上也开始支配资本；劳动与资本的利益共同点越来越突出。所有这些导致了西方发达国家的劳动关系由过去的工资谈判理论为指导逐步向人力资源管理模式转变。人力资源管理模式是建立在雇主与雇员、资本与劳动者利益共同的基础上的。这种模式将员工的成长与企业的发展联系起来，雇主通过满足员工的需要、激发员工的积极性实现劳动生产率的提高；而员工则将提高自己的收入水平和职业声望的希望寄托在公司的发展和壮大上。劳资双方不需要通过对抗和较量来达到平衡，而是通过合作来达到双赢。当前，发达国家工会参与率下降、集体谈判功能的衰退，正是这种趋势的反映。我国大部分企业不仅没有建立起与员工合作共赢的人力资源管理模式，而且工会作用缺失，导致一线工人的集体谈判能力薄弱。

第二节　跨国公司行为守则的执行

　　跨国公司是企业社会责任和供应商行为守则的推动者。企业社会责任 CSR （Corporate Social Responsibility）或 SRI（Socially Responsible Investment），是指企业在创造利润、对股东利益负责的同时，还要承担对员工、对社会和环境的社会责任，包括遵守商业道德、生产安全、职业健康、保护劳动者的合法权益、节约资源等。实质上，企业社会责任是要求企业在可获得的利益与取得利益的成本之间进行权衡。企业社会责任运动的表现形式有两种：企业内部生产守则和企业外部生产守则。前者是跨国公司的自我约束；后者是对企业的外部社会约束。以目前对中国出口企业影响较大的 SA8000 社会责任标准为例，SA8000 标准是由 9 个要素组成，每个要素又由若干子要素组成，由此构成社会责任管理体系。这 9 个要素包括：（1）童工：要求不使用或支持使用童工；救济童工；童工和未成年工的教育；对童工和未成年工的安全卫生。（2）强迫劳动：不使用或支持使用强迫劳动；不扣押身份证或收取押金。（3）健康与安全：安全、健康的工作环境；任命高层管理代表负责健康与安全；健康与安全培训；健康与安全检查，评估和预防制度；厕所、饮水及食物存放设施；工人宿舍条件。（4）结社自由及集体谈判权利：尊重结社自由及集体谈判权利；法律限制时，应提供类似方法；不歧视工会代表。（5）歧视：不从事或支持雇用歧视；不干涉信仰和风俗习惯；不容许性侵犯。（6）惩戒性措施：不使用或支持使用体罚、辱骂或精神威胁。（7）工作时间：遵守标准和法律规定，至多每周工作 48 小时；至少每周休息一天；每周加班不超过 12 小时，特殊情况除外；额外支付加班工资。（8）工资报酬：至少支付法定最低工资，并满足基本需求；依法支付工资和提供福利，不罚款；不采用虚假学徒计划。（9）管理体系：政策；管理评审；公司代表；计划与实施；供应商、分包商和分供商的监控；处理考虑和采取纠正行动；对外沟通；核实渠道；记录等。[①]

[①] 冯玫：《在华跨国转包体系中农民工权益保护途径初探》，《学术交流》2007 年 11 月，第 83～86 页。

第七章　全球生产网络外部治理与工资差距

企业社会责任运动在中国实施的方式有两种：跨国公司"查厂"和第三方认证。但是依靠跨国公司推行的供应商生产行为守则往往在实践中被弱化，一是跨国公司作为委托方已经与供应商结为战略联盟的伙伴关系。一旦品牌引领商需要寻找新的供应商，就不得不投入大量的资源，而且容易丧失当前合作模式带来的灵活性和速度。二，虽然跨国公司均设有专门负责制定、实施生产守则的部门，并有专人负责中国内地承包商工厂生产守则实施及监督工作，但是跨国公司并不充当监督者的角色。跨国公司只有在事前调查，很少事后核实的情况。即使供应商有违反"行为守则"的要求，也无权要求其立即整改。在利润面前，跨国公司与供应商更可能成为利益联盟。2007年2月商务部研究院发布的《2006跨国公司中国报告》称，由于企业社会责任主要是由跨国公司在其供应链上推行，所以企业社会责任问题影响最大的是对外加工贸易企业和出口企业，特别是港澳台投资企业和做贴牌生产的私营企业，涉及到电子、纺织、服装、制鞋、玩具、工艺品这六大行业。这些企业主要是以劳动力密集型为主，在生产条件、生产安全、员工的职业健康和权益保障方面问题比较突出。[①] 三是市场竞争的加剧及生产成本的增加，使承包商不愿认真执行生产守则。作为跨国公司生产守则的承担者，承包商是实施生产守则的重要环节，如果没有承包商的支持和落实，生产守则是无法在工厂真正推行的。例如，对于接了订单的玩具制造公司，跨国公司会委托公证行，雇佣内地的大学生进行多次检查，一批订单要检验十几次，检查内容有：社会责任方面的（如工人工资有没有达到当地最低标准线，每天、每周加班时间有没有超过规定的时间，多少工人住一个房间等等）；防恐方面的；质量方面的。一些承包商认为，市场竞争的压力使工厂不得不降低成本，包括维持劳动力的成本优势。如果订单价格给得很低，工厂不可能给工人贴钱；客户下订单的时间没有固定期限，工厂不可能为某一个时间短而工作量大的订单新增机器和工人，这样加班就不可避免，否则不能按期交货所承担的损失就十分巨大。因此，很多承包商不愿认真执行生产守则，许多工厂掌握了一套应付跨国公司以及国际社会责任多边组织认可的外部机构检查的方法，包括事先准备一套应付客户和政府部门检查的假材料，培训工人如何更好地回答检查人员的问题等。

[①] 王志乐编：《2006跨国公司中国报告》，中国经济出版社2006年1月，第128页。

第三节 政府的政策制度

政府的政策制度对相对工资的影响主要通过最低工资立法以及执行、社会保障安排以及加工贸易政策的改变等途径实现。

一、最低工资法

2004年3月，劳动和社会保障部颁布了新的最低工资规定，扩大了最低工资的适用范围，将中国境内企业、民办非企业单位、有雇工的个体工商户和与之形成劳动关系的劳动者，国家机关、事业单位、社会团体和与之建立了劳动关系的劳动者都纳入最低工资制度的适用范围，并明确了小时最低工资标准；将社会保险费用做为最低工资标准的考虑因素，并规定最低工资标准至少每两年调整一次。下面以北京、上海、江苏、浙江、福建、广东、山东实际最低工资标准为例，说明我国实际最低工资标准的增长情况。从表7-1可以看出，北京、上海、江苏、浙江、福建和广东在1999年以前实际最低工资增长十分缓慢，增长率均不超过5%。1999年以后的实际最低工资均有较大幅度增长，如上海从1999年的423元上升到2010年的1120元，增长2倍多。江苏、浙江分别从320元、380元上升到960元和1100元，增长了3倍多。根据惯例，一国最低工资占社会平均工资的比例为40~60%，如美国和加拿大为40~50%，法国、荷兰为50~60%。而劳动保障部（2005）对我国各主要城市的最低工资标准与当地的平均货币工资收入进行比较分析后发现，目前各地的这个比重明显偏低，普遍为20%~30%左右。最低工资制度对于低收入群体以及非技术劳动力提高工资收入的指导作用有限。[①] 由表7-2可知，北京2010年职工人均工资为37147元/年，而该年度最低工资为10800元/年，占比为29%。广东2010年职工人均工资为40358元/年，而该年度最低工资为12360元/年，占比为30%。而上海、江苏、浙江、福建、山东的最低工资标准与当地的平均货币工资收入比分别为18%、28%、31%、33%、32%。低于40~60%的标准。

---

① 中国农民工问题研究总报告起草组：《中国农民工问题研究总报告》，2007年1月11日，引自北京社科门户网站 http://www.bjpopss.gov.cn/bjpssweb/n25617c48.aspx

表7-1 我国部分省市历年最低工资标准① 单位：元/月

年份\地区	北京	上海	江苏	浙江	福建	广东	山东
1994	210	220	210	210	280	320	210
1995	240	270	210	245	320	320	210
1996	270	300	240	245	365	380	240
1997	290	315	260	270	380	380	270
1998	310	325	260	270	380	380	270
1999	400	423	320	380	420	450	310
2000	412	445	390	410	420	450	370
2001	435	490	430	410	450	480	370
2002	465	535	460	460	450	510	410
2003	495	570	540	520	480	510	470
2004	545	635	620	620	600	510	530
2005	580	690	690	670	600	684	530
2006	640	750	750	750	650	684	610
2007	730	840	850	850	750	780	610
2008	800	960	850	850	750	860	760
2009	800	960	850	960	750	860	760
2010	900	1120	960	1100	900	1030	920

注：江苏、浙江、广东、福建最低工资按一类标准统计。

表7-2 我国部分省市历年职工平均货币工资② 单位：元/年

年份\地区	北京	上海	江苏	浙江	福建	广东	山东
1996	9579	10663	6603	7413	6684	9127	5809

① 各省市劳动和社会保障网站和作者自行整理。
② 各省市统计局数据。

续表

年份\地区	北京	上海	江苏	浙江	福建	广东	山东
1997	11019	11425	7108	8386	7559	9698	6241
1998	12451	13580	8256	9759	8531	11032	6854
1999	14054	16641	9171	11201	9490	12245	7656
2000	16350	18531	10299	13076	10584	13823	8772
2001	19155	21781	11842	16385	12013	15682	10008
2002	21852	23959	13509	18785	13306	17814	11374
2003	25312	27304	15712	21367	14310	19986	12567
2004	29674	30085	18202	23506	15603	22116	14332
2005	34191	34345	20957	25896	17146	23959	16614
2006	21001	41188	23782	27820	19318	26186	19228
2007	24932	49310	27374	31086	22283	29443	22844
2008	29229	56565	31667	34146	25702	33110	26404
2009	32736	63549	35890	37395	28666	36355	29688
2010	37147	71874	40505	41505	32647	40358	33729

勿庸置疑，最低工资标准的普遍偏低与我国制造业中人均工资成本占人均增加值的比重偏低相关。据劳动保障部（2005）对我国与20个不同类型国家制造业工资成本的对比研究，发达国家的人均工资成本占人均增加值的比重一般在35%～50%左右，其他类型国家一般在20%～35%左右，而我国的这个比例仅为9.3%。[1] 我国人力资本积累机制不利于非技术劳动的人力资本投资，而最低工资过低也导致非技术劳动没有能力进行人力资本投资。表7-3为2011年3月1日起广东省企业职工最低工资标准和非全日制职工小时最低工资标准。表明最低工资制度在实践中不断适应当地平均货币收入的增长，正逐步完善。

---

[1] 中国农民工问题研究总报告起草组：《中国农民工问题研究总报告》，2007年1月11日，引自北京社科门户网站 http://www.bjpopss.gov.cn/bjpssweb/n25617c48.aspx

表7-3 2011年广东省企业职工最低工资标准表①

类别	月最低工资标准（元/月）	非全日制职工小时最低工资标准（元/小时）	适用地区
一类	1300	12.5	广州
二类	1100	10.5	珠海、佛山、东莞、中山
三类	950	9.3	汕头、惠州、江门
四类	850	8.3	韶关、河源、梅州、汕尾、阳江、湛江、茂名、肇庆、清远、潮州、揭阳、云浮

另一方面，最低工资制度的执行有待改善。在发达国家，按最低工资支付的人员所占比重并不很高。如美国，1986年拿最低工资的工人为506万，占全部就业人口10960万的4.6%，即使考虑170万领最低小时工资的薪水工人，其比重也不到6.2%。而作者在调研中发现，加工贸易企业特别是典型的劳动密集型企业，对非技术劳动的工资一般是比照当地最低工资标准，把最低工资当作一线劳动者标准工资。一些企业雇主利用农民工劳动力市场供大于求的优势，并不认真执行最低工资制度，再加上劳动和社会保障部门对企业最低工资执行的力度不够，使农民工的劳动工资和劳动付出不相符。表现在以下几方面：（1）一些企业将加班费及津贴算入工资，凑足最低工资；或是变相通过加班加点，人为降低最低工资标准。例如，一家服装厂职工每月拿到手的工资约1000元，"看上去"已超过广州市780元（2008年4月1日之前的标准）的最低工资标准，然而，企业加班情况比较严重，加班工资就达500元左右；一家电子厂规定员工月工资为780元最低工资标准，但说明其中包括了"饭贴50元，车贴50元"，而根据规定，饭贴和房贴都不应作为最低工资的组成部分。（2）是计件定额过高导致职工收入达不到最低工资标准。例如，一家制衣厂实行"计件工资制"，但是公司规定的计件定额很高，根据其计件定额标准，职工在提供正常劳动情况下所得的月工资仅能达到420元。（3）还有一些企业试用期人员的工资低于最低工资标准。例如，一家金属制品公司"内部规定"，所有新进人员工资一律按600元标准支付，经过一段时间的"试用期"并经单位考核为熟练工后，再

---

① 广东省人民政府关于调整我省企业职工最低工资标准的通知，2011年1月18日，引自http://wenku.baidu.com/view/1b6fd1df6f1aff00bed51e84.html?from=related&hasrec=1

按照最低工资标准支付底薪。根据规定，只要劳动者在法定工作时间或依法签订的劳动合同约定的工作时间内提供了正常劳动，用人单位支付的工资就不应当低于当地的最低工资标准，与劳动者进单位时间和工作熟练程度无关。

虽然我国对违反最低工资制度的雇主规定了相应的法律责任，但是处罚太轻。1993年《企业最低工资规定》中对企业违反最低工资规定的，由当地劳动行政部门责令其限期改正；逾期不改的，给予通报批评，并对用人单位和责任人给予经济处罚。经济处罚办法由各省、自治区、直辖市人民政府确定。例如，《北京市最低工资规定》，对违反规定并逾期不改的用人单位处以1000至5000元的罚款，对直接责任人处以100至500元罚款。2004年劳动和社会保障部颁布的《最低工资规定》中，把对违规企业的处罚力度加大，处罚金额从所欠工资的20%至100%提升到1至5倍，惩罚力度相对于1993年的《企业最低工资规定》来说力度增加，但是这样的处罚依然是比较轻的，达不到震慑违规企业的目的。相比之下，国外为了保证最低工资制度的实施，对违反最低工资制度的雇主一般规定的处罚措施是很严厉的，其中包括经济的直至刑事的处罚。例如泰国就规定对于违反最低工资制度的雇主除给予经济处罚外，情况严重者可以给予最长六个月的拘役。最低工资制度除了有劳动部门的执法，还需要有强有力的监督机制。目前，劳动监察部门的业务素质和农民工的参与率都有待于进一步提高。

二、加工贸易政策调整

1999年起，国家开始对加工贸易实行商品分类管理，分为禁止类、限制类和允许类。商务部、海关总署2006年第82号公告，将取消出口退税的商品以及部分加工层次低、污染高、资源能源消耗大的商品列入加工贸易禁止类目录。2007年第44号公告，将涉及塑料原料及制品、纺织纱线、布匹、家具等劳动密集型产业共计1853个十位商品税号，列入限制类商品并采取银行保证金台账实转管理。所谓保证金台账"实转"，即企业开展限制类商品加工贸易，在合同备案时，须缴纳台账保证金；企业在规定期限内加工成品出口并办理核销结案手续后，保证金及利息予以退还，利息按活期利息计算。因此，缴纳台账保证金等于占用了企业流动资金，损失了保证金利息一年期定期利息减活期利息部分。同时，对东中西部采取差别政策，东部（东部地区包括北京市、天津市、上海市、辽宁省、河北省、山东省、江苏省、浙江省、福建省、广东省）新设外贸企业不批限制类加工贸易业务，中西部（除东部以外地区）A、B类企业银行保证金台账空转管理。对东中西部的差别政策表明了国家产业转移的思路：梯度转移，东部做高端，中西部做两端。从近年来国家对加工贸易政策的历次调整来看，政策调整的信号是非常明确的，可归纳为如下三个方面：一是促进加工贸易转型升级；二是减少顺差，降低顺差过大给国民经济发展带来的不利影响；三是促进加工贸易向中西部地区梯度转移。

目前，我国中小企业占全部企业总数的99%，提供了75%的城镇就业机会和60%的出口总额。截止至2009年，广东已经批准设立了超过7万家加工贸易企业，目前从事加工贸易的港澳台资企业就约有6万家。退税率下调及保证金上缴带来大幅增加的成本，企业一般是通过向客户提价来消化，但具备采购议价能力的加工企业大约只有20%。长三角地区，仅苏州就有650多家企业受到影响。估计占据的保证金将达到60亿元人民币。加工贸易行业的上下游企业乃至整个产业链也会因此受到影响。例如，服装加工业上游的棉纺业和塑料、金属材料等受到新政影响的材料加工下游的电子制造业等。不少企业将面临着倒闭或转移，劳动力就业形势将更为严峻。2007年12月广东省职业介绍服务中心、广州市劳动力市场服务中心组成联合调研组，对受政策调整影响较大的服装、纺织、塑料原料及制品、家具、旅行用品及箱包、鞋类等劳动密集型行业企业进行专题调研，约60%的受访企业表示，企业经营成本将提高，利润降低2%~8%。见表7-4。48家调研企业中，用工成本占总成本的比例呈现逐年上升趋势，2006年平均占总成本的24.94%，2007年占比28.38%，2008年预计上升到30.99%。[①] 见图7-1。此次关于新政对加工贸易企业影响的调研表明，12.5%企业表示考虑会整体或部分搬迁，这些主要是外资或合资企业。他们表示：地区最低工资水平和社保费率增长较快，用于改善职工福利等投入增加，导致用工成本上涨压力较大。广东省职业介绍服务中心在2008年春节后对广州、深圳、惠州等地人力资源市场供求状况、专场招聘会举办情况、全省303家定点企业用工状况开展调查统计数据表明，在原材料采购上涨、人民币升值、本地用工成本上涨的压力下，广州企业用工需求将出现调整，对技工的需求提升，普工出现一定的缩减。

---

① 《一成制造业或搬离广州》，南方都市报，2008年3月12日，引自http://news.sina.com.cn/c/2008-03-12/024013557378s.shtml

表7-4 2007年退税新政对企业的影响①

影响状况和程度	企业数
即期冲击，利润降低3~10%	19家
目前暂无影响，但预计3~12个月后会受到直接冲击	9家
生产结构在此前已调整，在可预见的时间内没有影响	8家
对数据保密	12家
合计	48家

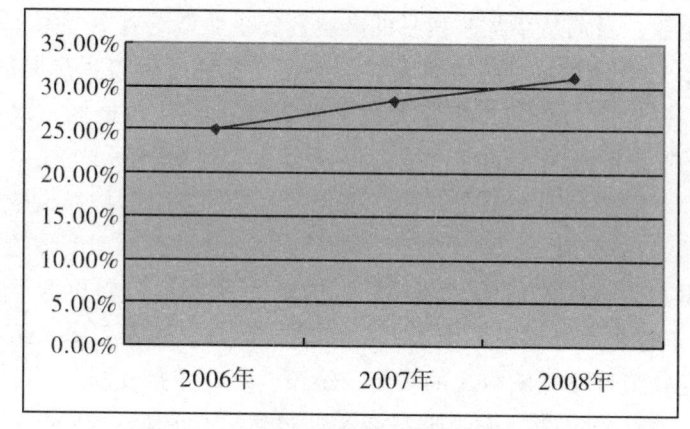

图7-1 制造业用工成本占总成本比率②

国内生产成本的提高和加工贸易政策的调整对国内相对工资的影响是非常显著的。

（一）对于纺织、制鞋等劳动密集型制造行业，其用工成本的上涨和宏观政策的调整若无法通过创新和价值链升级消化，只能考虑转移中西部（有外资背景的可能考虑外迁东南亚），无法实现迁移的加工贸易中小企业只能破产倒闭，这对广大农民工的就业尤其不利。如若政府在协助企业迁移的问题解决不好，将有可能促使相对工资差距扩大，这种相对工资的扩大是建立在损害非技术劳动的基础上的。

（二）促使本土企业和供应商通过全球生产网络实现转型升级既有助于解决普通劳动力的就业，也能够扩大对高技术人才的需求，促进人力资本投资。

---

① 广东省职业介绍服务中心调研组：广州市人力资源市场服务中心，引自http：//gzsc.gzlm.net/

② 同上。

总体来说，能够摆脱以来料加工和订单为导向，增加技术创新能力，提高自身的核心竞争能力就能相应地提高企业抗风险能力。

例如，广州宏昌胶粘带厂前身是一个以生产BOPP封箱及普通文具胶粘带的小型企业，主要通过来料加工的贴牌生产来运营。1997年，广州宏昌胶粘带厂建立起工业设计中心，负责产品外观及包装的设计；1999年建立起了工程技术中心，专门从事胶粘剂配方、胶粘制品复合技术以及配套设备改造的技术研究，并着手与华南理工大学等高校联合开展项目研究。通过一段时间的努力，宏昌的部分科研及设计成果开始走出实验室，并在生产及销售中应用，为企业带来了相应的经济效益，科技创新对企业发展的推动作用逐步显现。这一阶段，宏昌建立了工程技术中心、省级胶粘剂工程技术研究中心、企业博士后科研工作站，逐步奠定了建设创新型企业的基础。在国内市场上，宏昌主品牌为CAMAT（金唛）胶粘带，于2003年成为广东省名牌产品，2004年成为广东省著名商标，副商标品牌GOLDEN（高登）也于2005年获得广州市著名商标认定，企业还与同行一起通过中国胶粘制工业协会发起成立了压敏胶专业分会，成为行业内公认的龙头企业。通过开展配方及胶粘制品复合技术研究，宏昌实现了核心技术以及自有知识产权上的突破，获得广东省知识产权优势企业称号。共计提起申请国家发明专利13项，外观专利设计26项，实用新型4项，版权35项，企业不仅自行研制出了一百多个胶粘剂配方，还有两项国家重点新产品、五项省重点新产品推出，其中新产品电器聚酯绝缘胶带获得美国UL认证，夜光胶带则通过国家固定灭火系统和耐火构件质量监督检验中心消防认定，获准进入消防产品市场。目前，宏昌的全部出口产品性能及安全指标均可达到欧盟ROHS指令的标准及美国玩具协会标准。研发促使技术的不断创新，对劳动力素质要求的提高使得宏昌的生产工人及管理人员亦随之成长、成熟，其技术劳动力和非技术劳动力的劳动生产率差异也带来了相对工资的差异化日益明显。

（三）政府时加工贸易企业的扶持政策有利于加工贸易企业的创新。近年来，广东省内海关面对后金融危机时期出现的新情况、新变化，建设了34个全国加工贸易转型升级示范区，力促广东加工贸易转型升级。广州关区共有43家加工贸易企业办理迁出/入手续，其中转入企业29家，超过四成是高新技术、机电类企业；转出企业14家，六成以上属于中、低端产业。

有一定技术积累和创新意识的加工贸易企业通过引进先进技术设备，设立产品研发中心和检测维修服务中心，开展仓储、配送、分拨等服务，提高产品附加值，创造自主品牌。从而对高技术劳动力的需求大大增加。譬如，深圳住友电工电子制品有限公司、西铁城精密（广州）有限公司、广东蓉胜超微线材有限公司、珠海光联通讯技术有限公司、珠海格兰特等。

通过创新加工贸易监管模式，进一步优化海关监管和服务。自 2012 年 5 月 11 日起，广东省内跨关区外发加工将视作同一关区而免收保证金（比如，外发加工贸易货物从香港文锦渡出发，经皇岗口岸到广州，要先后经过深圳海关、黄埔海关、广州海关三个直属海关关区，按现行政策，外发加工业务跨关区的，应当向海关提供相当于外发加工货物应缴税款金额的保证金或者银行保函。这就使企业在资金周转、加工效率方面承担着较大压力和困难）。目前全国除福建、浙江、辽宁及内蒙古有两个直属海关外，其它地区都只有一个直属海关，而广东一省，却有包括深圳、广州、黄埔、珠海等在内的 7 个直属海关。今后，凡是资信良好的 B 类及以上企业在广东省内海关之间开展跨关区外发加工业务，海关可以不再收取保证金或银行保函，帮助加工贸易企业"减负增效"，鼓励企业由简单加工向研发设计、自主品牌发展。海关也同步扩大对加工贸易货物内销"集中申报"模式的适用范围。在采取"集中申报"模式后，企业可以在完成与国内客户的交易后，再据实向海关办理纳税手续，在寻找客户、议价、开拓国内市场等方面将变得更加灵活、自主。这意味着原来只有 1500 多家大型联网监管企业内销时可以享受到的海关监管便利，将进一步覆盖到全省 2 万余家中小型加工贸易企业，使加工贸易企业切实地享受到优惠福利。该政策将惠及广东近 3 万家加工贸易企业，预计一年可减免企业占压资金数十亿元。①

第四节 小结

我国当前的劳资力量不平衡，非技术劳动力的议价能力不足，全球生产网络下企业社会责任运动在中国实施的缺位，尤其在港澳台投资企业和做贴牌生产的私营企业，生产守则无法在厂商真正实行，使得国内工资水平尤其是低技术劳动工资短期内难以提升。另一方面，最低工资法的设定标准虽然近几年提升较快，但仅为当地职工平均工资的 20%~30% 左右；同时一些企业雇主利

---

① 《海关广东分署启动试点，省内跨关区外发加工保证金取消》，南方日报网络版 2012 年 5 月 14 日，引自广东省人民政府网站 http://www.gd.gov.cn/gdgk/gdyw/201205/t20120514_160920.htm

用农民工劳动力市场供大于求的优势，并不认真执行最低工资制度，再加上劳动和社会保障部门对企业最低工资执行的力度不够，使农民工的劳动工资和劳动付出不相符，甚至将一线工人工资以最低工资标准制定。上述外部因素使得非技术劳动力的工资上涨空间有限。最后，政府加工贸易政策的调整对我国劳动力就业影响不可忽视。由于成本上涨、利润降低，对于无法实现转型升级的中小型加工贸易企业，加工贸易政策的调整对它们打击最大。对于能够摆脱以来料加工和订单为导向，增加技术创新能力，提高自身的核心竞争能力的企业，其技术劳动力和非技术劳动力的劳动生产率差异也造成相对工资的差异化日益明显。而当前为促使加工贸易转型升级的各项政策，有利地扶持了具有一定技术基础和创新意识的企业，这些加工贸易企业在不断成长的过程中，也扩大了对高技术人才的大量需求，推动工资差异化扩大。

第八章

实证分析

第一节 计量模型的设定

根据中间品贸易理论模型,建立经济计量模型,我们可以解构不同变量对要素价格改变的贡献度。考虑短期的成本函数 $C_m(w,q,K_m,Y_m,P/P_m)$(见第四章第二节中的5式),由于技术劳动者的工资份额比例取决于劳动者工资水平以及资本、产出和其他结构变量 z。结构变量 z 包括进出口投入品的规模和价格、人力资本投资以及技术变化(以计算机和资本设备的支出占经营支出的比重表示或R&D支出占经营支出的比重表示)等,因而(5)式可以写为 $C_m(w,q,K_m,Y_m,z)$。由于资本和产出在短期内都是固定的,对该线性函数的估计可获得各变量的系数。

$$\Delta lns_{Hm} = \varphi_0 + \varphi_{im}\Delta lnY_m + \varphi_k \Delta lnK_m + \varphi_f \Delta lnZ_m, m=1,\cdots,M,$$

其中 s_{Hm} 为各行业 $m=1,\cdots,M$ 的技术和非技术劳动力相对工资水平。K_m 为资本存量,Y_m 为产出,Z_m 为结构变量,φ_m 为相应的系数变量。模型本身已选用超对数生产函数形式经过对数处理,并运用差分去除自变量之间的多重共线性。根据上式,Feenstra(2003)考察了技术劳动力的工资份额提升,有多少是由资本、产出以及结构变量导致的。他估计了美国1979~1990年加工制造业的447种行业,采用非生产性工人表示技术劳动者,因变量为各行业非生产性工人工资占总工资份额,他发现制造业的技术劳动工资份额由35.4%上升到42.4%,每年增长0.4%。自变量因素包括每个产业的产出,资本占总投资比重,外包(中间投入品进口额),计算机和其他高科技资本占总资本存量的比重或计算机的支出占总投资的比重。他的实证检验表明,外包和计算机份额对技术劳动力工资提升有正面影响作用,其中外包可以解释15~24%的非生产性工人工资的提升。计算机份额可以解释13%的非生产性工人工资的提升。由此可见，相对于外包的影响，计算机和其他高科技资本投资对技术劳动者相对工资的提升贡献度更小。Morrison Paul and Siegel（2000）发现高科技资本投入、R&D 投资，进口（与产出的比重）与非技术劳动者的需求负相关，与技术劳动者的需求正相关。他们估计的结果表明，高技术资本和 R&D 投资对技术提升的影响大于国内外包的影响。Anderton and Brenton（1997）以低工资国家的进口来衡量外包程度，发现在 1970~1983 年，中间投入品进口可以解释40% 相对工资的提升。Slaughter（2001）对美国 1960~1991 年二细分制造业劳动者的相对需求估计表明，相对于技术劳动者而言，非技术劳动者的需求更富于弹性，其弹性较大的行业包括食品、烟草、服装纺织、林木造纸业以及金属初加工业等非技术密集型制造业。而且，在具有更多外包行为、计算机以及高技术资本投入更多的行业，非技术劳力的需求同样变得更具有弹性。

本章选取中国加工贸易前九强省市：广东、江苏、上海、山东、浙江、天津、福建、辽宁和北京等地的宏观工资数据进行回归分析，验证本文的理论结论。我们希望通过计量分析之后可以回答这样两个问题：全球网络分工下的中间投入品贸易对中国相关地区的相对工资水平有没有影响？如果有，影响的方向和弹性会有多大？

借鉴上式，我们将回归方程设定如下：

$$InW = \varphi_0 + \varphi_1 InTR_{ex} + \varphi_2 InTR_{im} + \varphi_3 InH + \varphi_4 InK$$

由于各样本地区的中间品贸易额难以获取，根据前几章的分析结果，将中间投入品的进口严格假设为全部是由加工贸易的出口所引起的，因此将中间投入品进出口额表示为加工贸易进出口额。

其中 W 为样本省市各年份电子和通信设备制造业就业人员年均工资与纺织、服装业就业人员年均工资之比。作者问卷调查了广东省内共 30 家电子通讯设备制造业企业、30 家纺织、服装企业从业人员教育程度构成，发现电子通讯设备制造业 72.8% 的就业人员为大专以上学历，纺织、服装业 14% 的就业人员为大专以上学历（见表 8-1）。虽然调查范围没有涉及全国其他省市，但基本上可以得出在电子通讯设备制造业 70% 以上从业人员为技术劳动力，在服装业的从业人员 80% 以上从业人员为非技术劳动力。因此，本文采用电子通讯设备制造业的年均劳动报酬作为技术劳动力工资水平，服装业的年均劳动报酬作为非技术劳动力工资水平。

表8-1 企业就业人员教育程度构成调查①

	电子通讯设备制造业（30家）	服装业（共30家）
不识字（占比）	0	0
初中或以下（占比）	2.5%	52.5%
高中及中专（占比）	24.8%	23.5%
大学专科及本科（占比）	57.8%	14%
研究生（占比）	15%	0
合计：大专以上（占比）	72.8%	14%

K代表人均固定资产净值年平均余额。K=实际固定资产净值年平均额/制造业总就业人数。资本投入越高如机器设备的购买和更新，使用新型的计算机、建筑物的建造等，会对劳动力素质和技术水平提出更高的要求，技术创新越多，相应地提高技术劳动工资。从而扩大相对工资差距。预计系数符号为正。

H为制造业大专以上就业人数占比。理论上，人力资本投资的快速增长可以在一定程度上缩小工资差距，但是，一方面，长期内，人力资本供给的增加会促进人力资本密集型技术的进步，使高技术劳动力需求增加，从而使不同人力资本水平劳动力工资差距不断上升。另一方面，人力资本对相对工资的影响取决于劳动力市场结构的变化。如果受较高教育的劳动力占总劳动力的百分比越高，那么在劳动力市场上技术工人的供给越充足，同时假如市场上对于技术工人的需求的增加速度足够低，则技术工人的相对工资就越会降低；反之，假如市场上对于技术劳动者的需求的增加速度超过市场上对于技术劳动者的供给速度，那么即使技术劳动者的供给增加也仍然可能出现技术劳动者的相对工资上升。因此，预计H_m系数符号事先不确定。

TR_{ex}为加工贸易出口额占比，加工贸易出口额扩大会增加就业，扩大对技术劳动力和非技术劳动力的需求，考虑到在国内加工装配组装的生产环节，出口的增加，也许会增加非技术劳动力的相对工资水平，这需要计量模型的检验。因此，预计TR_e系数符号事先不确定。

TR_{im}为加工贸易进口额占比，加工贸易的进口，特别是资本（技术）密集型的中间品进口会对本国的劳动要素产生替代效应，会降低技术劳动者的相

---

① 由作者问卷调查数据整理而得。

对工资。进口额的扩大也会产生生产效应，扩大对技术劳动力的需求，提升技术劳动者的相对工资。因此，预计 TR_i 系数符号事先不确定。

φ_m ($m = 0, 1, 2, 3, 4$) 为相应的系数变量。各变量都进行了自然对数变换。模型中加工贸易进出口额占比来自各省市 2000~2007 年统计年鉴，各省市制造业就业人员平均劳动报酬、各省市制造业大专以上就业人数占比以及各省市制造业总就业人员数来自 2000~2007 年中国劳动统计年鉴，固定资产净值年均余额来自 2000~2007 年中国工业经济统计年鉴。

第二节 面板数据模型选择

面板数据是近年来计量经济学方法的重要发展，有很好的应用价值。与传统的截面数据或时间序列数据相比，面板数据是前两者的结合，可以构造和检验比以往单独使用时间或截面数据更为真实的行为方程。本研究应用面板数据的基本动机，就是克服单时间点截面数据的弊端，提供一个更有效的估计和推断。在分析中间品贸易对相对工资影响的因素时，面板数据既能使我们考虑到单个地区中间品贸易对相对工资影响随时间的变化，又能考虑到各个地区在某个时间点中间品贸易对相对工资影响的不同。此外，面板数据通常包含有很多的数据点，会带来较大的自由度，从而提高模型估计的准确性。在面板数据分析中，使用的样本数据包含了个体、指标、时间3个方向上的信息。根据截距项向量和系数向量中各分量的不同限制要求，截面数据模型划分为3种类型：无个体影响的不变系数模型，含有个体影响的变截距和变系数模型。

无个体影响的不变系数模型的单方程回归形式可以写成

$$y_i = \alpha + x_i\beta + u_i, i = 1, 2, \cdots N$$

变截距模型的单方程回归形式可以写成

$$y_i = \alpha_i + x_i\beta + u_i, i = 1, 2, \cdots N$$

变系数模型的单方程回归形式可以写成

$$y_i = \alpha_i + x_i\beta_i + u_i, i = 1, 2, \cdots N$$

如果模型形式设定不正确，估计结果将与所要模拟的经济现实偏离甚远。因此，最重要的和首要的步骤是对模型的类型进行判断，第一步检验被解释变量 y_u 的参数 α_i 和 β_i 是否对所有个体截面都是一样的，即检验样本数据究竟符合上面哪种截面数据模型形式，从而避免模型设定的偏差，改进参数估计的有效性。

经常使用的检验是协方差分析检验,主要检验如下两个假设。①

$$H_1: \beta_1 = \beta_2 = \ldots = \beta_N$$

$$H_2: \beta_1 = \beta_2 = \ldots = \beta_N$$

$$\alpha_1 = \alpha_2 = \ldots = \alpha_N$$

检验统计量为:

$$F_2 = \frac{(S_3 - S_1)/[(N-1)(k+1)]}{S_1[NT - N(k+1)]} \sim F[(N-1)(k+1), N(T-k-1)]$$

上式中,S_3:无个体影响的不变系数模型的单方程的残差平方和。

S_1:变系数模型的单方程的残差平方和。

N:样本省市数

T:研究时期数

k:解释变量的个数

若计算所得到的统计量 F_2 的值不小于给定置信度下的相应临界值,则拒绝接受假设 H_2,继续检验假设 H_1。反之,则认为数据拟和采用不变系数模型。如果接受假设 H_1,则认为样本数据符合变截距模型,反之,则认为样本数据符合变系数模型。$N = 9, T = 8, k = 4, S_3 = 0.695858, S_1 = 0.069082$。由计算可知,$F_2$ 统计量为 0.008,小于置信度为 95%、自由度为 (40,27) 的相应临界值 1.84,所以接受,则可以认为数据拟和采用不变系数模型,无需进行进一步检验。

第三节 实证结果和现实解释

考虑到产出对相对工资水平可能存在的影响,我们也试着在上述回归方程中加入制造业的总产值,结果出现自相关和拟合度下降情况。由此,可以确认方程最符合前文所述要求。

由表 8-2 的计量结果可知,所有方程的 DW = 1.54,处于临界区域内,排除了数据的相关性;而且各解释变量都通过了显著性检验,R^2 值达到了 84%,说明各解释变量都具有相当的解释力。

在 0.01 显著性水平上,加工贸易出口占总出口比率增长 1%,技术劳动力相对工资比率增长 0.78%。表明加工贸易出口带来技术劳动力工资的上涨大于非技术劳动力工资的上涨,这与本文理论分析是一致的。原因在于:

---

① 高铁梅:《计量经济模型和 Evises 应用》,清华大学出版社,2006年,第 374~489 页。

(1) 我国制造业的低端化进一步固化非技术劳动力的工资水平，使得在原材料等资源上涨、物价上涨的同时，工资没有提升。加工贸易出口的生产效应对非技术劳动工资造成挤压。加工贸易在国内的加工组装生产环节虽然扩大对非技术劳动力的就业，但却没带来非技术劳动力工资的上涨。(2) 我国庞大的非技术劳动力供给在相对需求上升时，并没有使得劳动力的要素价格，即工资水平上升。(3) 在规模较大并具备核心竞争力、市场竞争力的企业，其相对工资的扩大有可能并不代表非技术劳动力福利的受损，只是其工资上涨的幅度低于技术劳动力工资上涨的幅度而已。

表 8 - 2　技术劳动和非技术劳动相对工资水平的计量模型检验结果

Dependent Variable: LNW?
Method: Pooled Least Squares
Date: 06/12/12 Time: 22: 24
Sample: 1999 2006
Included observations: 8
Cross - sections included: 9
Total pool (balanced) observations: 72

Variable	Coefficient	Std. Error	t - Statistic	Prob.
C	0.608516	0.135433	4.493111	0.0000
LNTR_{ex}?	0.784100	0.073947	10.60357	0.0000
LNTR_{im}?	0.647597	0.087964	7.362063	0.0000
LNK?	0.145446	0.039122	3.717776	0.0004
LNH?	0.041166	0.039630	1.038741	0.3027

R - squared	0.852526	Mean dependent var	0.611691
Adjusted R - squared	0.843722	S.D. dependent var	0.257794
S.E. of regression	0.101911	Akaike info criterion	- 1.662509
Sum squared resid	0.695858	Schwarz criterion	- 1.504408
Log likelihood	64.85034	F - statistic	96.82941
Durbin - Watson stat	1.544562	Prob (F - statistic)	0.000000

在 0.01 显著性水平上，加工贸易进口占总进口比率增长 1%，技术劳动力相对工资比率增加 0.64%。加工贸易进口造成相对工资差距的扩大，是因为加工贸易的进口存在替代效应和生产效应。(1) 加工贸易进口的替代效应体现在：先进技术设备进口的增加会产生技术型劳动力替代非技术型劳动力的

需求。先进技术设备等投资品进口的增加，尤其是高新技术设备等投资品进口的增加，会增加技术型劳动力需求；同时，短期内技术劳动力的供给无法增加，厂家雇不到足够技术劳动力，导致相对工资上涨。（2）加工贸易进口的生产效应体现在：大规模的半成品及零部件的进口注入国内的加工组装的产业链环节，扩大了对非技术型劳动的需求。价值链在全球生产网络下，进口中间产品加工后再行出口，成为发展中国家对外贸易中普遍采用的形式。近年来我中间产品（含半成品及零部件）的进口都占进口量的60%以上，大规模的半成品及零部件进口，不利于本国相关配套产业的发展。这是因为中间产品并不像机器装备等投资品的进口那样可以提升本土企业的技术装备水平，而是进口后直接注入到加工组装工序后供出口，从而中间品进口贸易的技术溢出效应是有条件的。不同治理模式下，国内企业融入全球生产网络的升级渠道和途径要视其是否构建了核心技术和具备了市场竞争力的品牌效应、规模效应（第五章有论述）。因此生产网络促进知识外溢需要构建本地供应商的吸收能力以及内部化能力。特别是对应于核心竞争力的隐性知识，隐含于人的头脑中，如何将其内生于企业运行体系中是与自身的知识基础、组织管理以及企业目标息息相关的。这些都会影响知识扩散的复杂性和精确程度。从而，短期内，中间品的进口反而增加了对非技术劳动力的就业；但长期来看，一旦本地供应商构建了创新能力，随着进口品在国内生产环节的价值链攀升，中间品的进口将有助于对技术劳动力的就业。

在0.01显著性水平上，人均固定资产投资增长会提高技术劳动力相对工资水平，人均固定资产净值增长1%，相对工资增长0.15%，表明在我国资本投入会提高技术进步，而技术进步又会提高资本效率。资本品投入的变化，如机器设备的购买和更新，使用新型的计算机、建筑物的建造等，会对劳动力素质和技术水平提出更高的要求，相应地提高技术劳动工资。在0.5显著性水平上，人力资本积累的增加会加大相对工资差距，制造业就业人员大专以上学历占比每增加1%，相对工资增长0.041%，表明人力资本投资虽然能够提高技术劳动力供给，但只要市场上对于技术劳动者的供给速度小于市场上对于技术劳动者需求的增加速度，则技术劳动力的相对工资会扩大。

从长期来看，中间品进口伴随着资本不断流入，国内资本相对充裕，利率降低，中间品进口价格的不断提升，导致对技术劳动力需求的提升；中间品技术的溢出以及企业在融入全球生产网络的升级效应，需要投入大量的资本和技术，资本是生产要素，它要求与相应的劳动力结合；新技术提供了更多的利润机会，更多的研究人员投入到新技术的开发，提高了技术进步速度和使用新技术工人的相对工资，因而中间品的进口会扩大技术劳动力的相对工资差距。长期内，伴随资本流入和中间品价格的提升，中间品进口的技术溢出更加明显，从而相对工资差距拉大。这与理论分析是一致的。

第九章

结论与研究展望

第一节 本文结论

在全球生产网络的统一框架下,我们分析了贸易结构、内部治理模式、人力资本积累机制和外部治理模式与相对工资差距的关系,可以得出结论如下:

一、全球生产网络分工下的中国贸易结构呈现出中间投入品进出口金额占所有货物贸易总额的将近 50% (1995~2006 年),全球生产网络体系下的加工贸易是形成中间投入品进出口的主要原因,外包和吸引 FDI 是中国融入其中的两种渠道,根据以中间投入品为分析对象的模型,技术劳动和非技术劳动的相对工资比率究竟是上升还是下降并不确定。其对国内技术劳动力和非技术劳动力的相对需求和相对工资的影响可体现为三种效应:生产效应、替代效应和行业效应。生产效应将会扩大对技术劳动和非技术劳动的需求,而替代效应会降低对技术劳动者的需求。在不同行业也会产生扩大相对工资差距或缩小相对工资差距的行业效应,理论上难以估量哪种效应起的作用更大。

二、从发达国家的国际大买家或跨国公司与发展中国家的本土代工企业的关系或网络的协调成本(交易成本)角度来看,存在市场型治理＞均衡网络型治理(包括模块型、关系型)＞领导型网络治理＞层级型治理;从发展中国家配套地企业的技术学习成本角度来看,存在市场型治理＞均衡网络型治理(包括模块型、关系型)＞领导型网络治理＞层级型治理;进一步从对发展中国家配套地企业的自主创新能力要求角度来看,也存在市场型治理＞均衡网络型治理(包括模块型、关系型)＞领导型网络治理＞层级型治理。全球生产网络的治理模式可以解释相对工资差异化的不同传导机制和不同影响效应。在传统的加工制造业,以消费品行业如鞋帽、服装、玩具等为代表的领导型治理模式,一直以来以低廉的劳动力成本融入网络中,被"俘获"或"锁定"于低附加值、低创新能力的微利化价值链低端;生产制造环节利益的不对等,从而利润分配的不对等,导致非技术工人的工资在物价水平不断上涨的大环境下没有提高,这是一些加工贸易企业为保持利润,在面临原材料涨价、订单价格没提升的唯一对策。在市场型或均衡网络型治理下的企业,获得工艺流程、产品甚至功能、跨行业升级的空间较大。一旦中国的生产者与全球领导厂商形成更为平衡的关系,从领导型、层级型向均衡网络型或市场型转变,能够实现产品和工艺流程升级的企业会不断加强技术创新投入,从而扩大技术劳动力的相对需求和相对工资。全球生产网络的发展使得处在较高层次的劳动差别扩大,并日益专门化,专业化知识在分工中的重要性日益显著。同时,越来越多的价值增值环节需要依靠高素质劳动力,中国技术劳动力的使用比重也在上升,由于中国的非技术劳动力存量大,工资水平提高缓慢,而技术劳动力存量小,工资水平提高迅速,因此,工资差距拉大。

三、我国制造业一线工人普遍为农民工,而加工贸易企业的高端需要大量的技术劳动力人才,这无法从农民工市场获得满足。由于农民工的高流动性、低文化素质和职业技术以及某些企业缺乏创新和利润率不高都是导致企业对非技术劳动人力资本投资的动力和意愿不足的原因;同时企业自身偏好于投资技术劳动力,非技术劳动力从"干中学"获得技术溢出的效应不足。全球生产网络分工下的人力资本积累机制不完善使得高人力资本积累的劳动者更可能获得人力资本积累,低人力资本积累的劳动者获得人力资本投资的机会更少,从而相对工资差距扩大。低微的收入使得非技术劳动者没有足够的经济能力进行人力资本投资,从而造成恶性循环,导致非技术劳动者低人力资本的再生产,久而久之,就会使得非技术劳动者和技术劳动者的二元劳动力市场结构固化。

四、在全球生产网络外部治理机制下,工会的作用缺失,使得劳资双方力量不均衡。依靠跨国公司推行的供应商生产行为守则往往在实践中被弱化,无法在实践中真正推行,尤其在中小型企业表现得更加明显。一直以来,最低工资占社会平均工资标准比例过低,同时一些企业雇主利用农民工劳动力市场供大于求的优势,并不认真执行最低工资制度,再加上劳动和社会保障部门对企业最低工资执行的力度不够,使农民工的劳动工资和劳动付出不相符,甚至将一线工人工资以最低工资标准制定。政府加工贸易政策的调整对我国劳动力就业影响同样不可忽视。由于成本上涨、利润降低,对于无法实现转型升级的中小型加工贸易企业,加工贸易政策的调整对它们打击最大。对于能够摆脱以来料加工和订单为导向,增加技术创新能力,提高自身的核心竞争能力的企业,其技术劳动力和非技术劳动力的劳动生产率差异带来相对工资的差异化日益明显。而当前为促使加工贸易转型升级的各项政策,有利地扶持了具有一定技术基础和创新意识的企业,这些加工贸易企业在不断成长的过程中,也扩大了对高技术人才的大量需求,推动工资差异化扩大。

五、实证检验结果。中国以加工贸易形式融入全球生产网络,其出口,会扩大对技术和非技术劳动力的需求,但技术劳动力的工资上涨幅度要高于非技术劳动力的工资涨幅,从而相对工资差距扩大。短期内中间品的进口其替代效应增加了技术劳动力的需求和就业,生产效应增加了对非技术劳动力的需求和就业。长期内政府和企业都会意识到技术创新的好处和重要性,企业创新能力的构建能够将中间品进口的技术溢出吸收转化,形成在全球生产网络内各主体之间更为平衡的利益关系,取得产品升级、工艺流程升级甚至功能升级、跨行业升级。从而中间品进口会扩大对技术劳动力的需求,相对工资差距拉大。人力资本投资的快速增长由于未能满足劳动力市场的需求,从而在一定程度上表现为工资差距拉大,但长期内,人力资本积累机制的完善会促使更多的低技术劳动力获得更多的人力资本投资,从而技术溢价降低,相对工资差距会逐渐缓和。固定资产投资增长会相应提高工资水平,表明在我国资本品投入的变化,如机器设备的购买和更新,使用新型的计算机、建筑物的建造等,会对劳动力素质和技术水平提出更高的要求,相应地提高技术劳动工资。

六、本文发现,相对工资取决于企业在全球生产网络地位安排和升级变化速度、相对效率的变化、劳动力供给、人力资本积累机制的完善以及外部治理主体的变化。由于全球生产网络的治理模式是动态转化的,前提是嵌入网络节点的加工贸易企业能够获得技术、生产、管理等方面升级的能力,利润空间的延伸有利于技术劳动者和非技术劳动者福利水平的提高。从价值分配机制和是否可能存在升级来看,中国的相对工资差距是两个层面的:一方面,中国凭借劳动力低级要素禀赋优势,以代工形式切入到全球低端需求市场空间,对于大多数中国本土企业来说,是无需高昂的高级要素积累和技术创新能力投入就能够获取收益的"捷径",其融入全球生产网络的低端价值链环节,会固化非技术劳动工资水平,从而相对工资差距扩大;另一方面,在产业链不断升级的加工环节,会提高技术型劳动力需求,并通过企业投资、培训和技术溢出扩大其人力资本积累,从而提高技术劳动工资水平,相对工资差距扩大。但两者的区别在于:前一种情况下,非技术劳动力福利受损;而在后一种情况,其相对工资差异化体现了劳动生产率的差异化。非技术劳动力福利有可能获得提高。体现在非技术工人的工资水平在上涨，只是涨幅低于技术工人。长期内，由于技术溢价的稳定，R&D部门面临边际收益递减，劳动力议价能力的提高，或者集体讨价还价的现象日益普遍，相对工资最终会保持稳定。

第二节 政策建议

本文提出具体建议如下：
一、继续深化中国参与产品内分工的国际垂直专业化程度

由于中间投入品进出口的生产效应较大，能够促进技术和非技术劳动的就业，但是其国内低端的生产加工环节会压低非技术劳动力的工资水平，导致相对工资差距的扩大。因此当前需要继续深化中国参与产品内分工的国际垂直专业化程度，提升产品深加工链条，以促进全球生产网络国内采购部分，这样不仅可以帮助缓解非技术劳动的就业压力，也可以加速升级的速度从而扩大技术劳动力的就业量，使得制造业的绝对就业潜力得以挖掘，缓解就业矛盾。如第三章第一节所论证的，生产者驱动型网络的核心竞争力在于技术，购买者驱动型网络的核心竞争力在于市场。对于前者当地企业通过引入领导企业如跨国公司获得技术。对于后者当地企业通过与品牌商、零售商、营销商发生关系获得市场，最终建立自我品牌。首先，在与领导厂商建立和发展关系的基础上，必须加强当地企业吸收转化能力以建立企业升级的空间。包括提升技术、工程、管理人员的知识基础；构建良好的组织管理能力；确立企业的战略目标。作为企业来讲，有长远战略眼光的企业家在注重劳动力成本支出时，除了要给员工增加薪酬外，还要注重增加员工知识和技术培训的支出。因为再先进的技术也要靠人去掌握和运用，未来谁拥有了高素质的员工队伍，谁就会在市场竞争中取胜。其次，政府可以鼓励企业去技术创新和优化管理，推进企业的结构调整和产业升级。譬如广州市政府对技术先进型加工贸易企业给予所得税减半征收的优惠。并协助将低端的产业链向劳动力成本低廉地区进行转移，实现梯度转移。最后，建立具有创新能力和核心竞争力的产业集群。有效的产业集群效应体现在通过集群内低交易成本的溢出所形成的技术创新，以及各种创新科研机构、公共设施共同使用形成的范围经济，促进企业的创新活动。见图9－1。

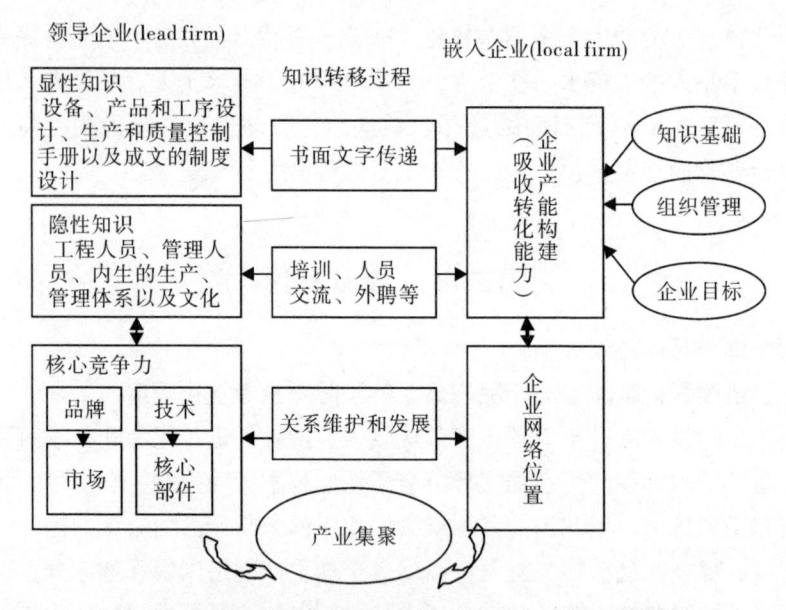

图 9-1 嵌入生产网络的发展中国家企业升级支持系统

事实上，企业创新能力和工人工资收入的提高两者具有相辅相成的关系。企业创新能力的构建有赖于高端消费需求的推动，而后者需要社会形成较高收入的中产阶层。正是中国现阶段如此巨大、广泛的城乡间、地区间、城市内部与农村内部收入分配的不平等，直接导致了我国城市与农村居民购买力不足和消费需求的特殊"低端化"结构，由此引致了对高创新含量产品的需求能力不足，进而深刻影响了我国微观企业创新的盈利能力和高创新、高研发投入新兴产业的发展，迫使我国本土企业在融入全球生产网络的低端化的严重路径依赖。

二、逐步缩小农民工与城市居民之间的福利待遇差别

逐步解决农民工在医疗、子女教育、住房等方面存在的问题，逐步缩小农民工与城市居民之间的福利待遇差别。首先要建立适应农民工流动性的社会保障体系。针对农民工工资水平偏低、流动性大的特点，进一步改革现行社会保险制度中存在的"门槛高、负担重、灵活性不足"的问题，坚持分类指导、稳步推进的原则，不断完善农民工的社会保障制度，提高农民工的社会保障水平。其次要重视农民工户籍问题。对于达到一定条件的农民工（如工龄、技术水平、工作岗位、劳动合同期限等），可以考虑解决其当地就业城市户口问题，使其能够对职业生涯和家庭生活做出长远安排，在就业城市安居乐业。

三、发挥教育和人力资本投资在缩小工资差距方面的作用

根据本论文的分析，人力资本积累长期内会缩小工资差距，因而教育和人力资本投资在缩小工资差距方面起到非常重要的作用。当前，中国教育资本投资的增长与世界其他各国相比较低，与中国的物质投资相比就更低。完善的人力资本积累体系能够持续地增加一个国家或地区的人力资本存量并改进其质量。这个体系包括教育体系和卫生体系等，通常依靠下列几个主要支柱支撑人力资本积累：首先是激励机制，来自于劳动力市场上反映人力资本收益的信号；其次是机会与覆盖水平，取决于相关产业的物质基础、筹资能力与渠道；最后是服务质量，由从业人员的素质以及该相关产业的技术水平决定。而所有这些方面都需要由政府从制度设计方面来保障。见图9-2。

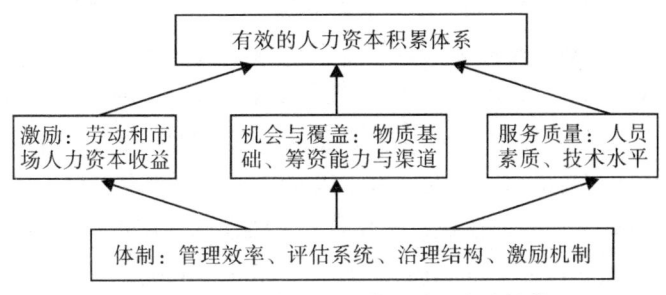

图9-2 人力资本积累体系的几个支柱①

当前需要解决如下问题：首先，实施积极工资政策。应确定合理的最低工资标准。尽快将最低工资标准提高到月平均工资40%~60%的国际通用标准。实施积极工资政策对中国企业的人力资本培养具有两方面的积极效用：一是通过增加工人的工资收入，提高其人力资本培养的能力与兴趣，减少非技术劳动之间低级替代的恶性竞争发生率；二是通过增加员工收入来增强企业组织对人力资本的"粘性"，从而吸引其在专业化与专门性知识生产上的注意力，为提高中国企业的员工素质、加快企业升级提供与之相适应的人力资本基础。其次，加强对农民工的教育和培训。在正规教育和专职培训上，应当为农民工和城市外来务工人员的人力资本投资提供更多的支持，使低收入者得到更多的财政支出份额。再次，在人力资本投资结构上，改变"轻视技工"的落后观念，保证技术人才得到同等人事制度待遇（如技术工人的职业资格系列与工程技术人员的职称系列实现相互沟通；技校毕业生，考取了高级工、技师和高级技

---

① 蔡昉、都阳主编：《2001年：中国人口问题报告》，社会科学文献出版社，2001年第29页。

师的国家职业资格证书享受与助工、工程师和高级工程师同等的待遇);增加对职业教育的投资比例。最后,促进建立国家高技术人才培养示范基地,使学校能依托社会和行业的教育培训资源培养技工,形成学校以企业为实习培训基地,企业以学校为技工的主要供应渠道。

第三节 研究展望

限于笔者的研究能力,本文尚留下很多重要问题没有解决,实属遗憾。例如,(1)本文只选取了按照学历即教育水平来划分技术和非技术劳动的分类数据进行实证分析,没有采用生产非生产性划分技术劳动和非技术劳动的标准来选取数据进行实证分析。(2)由于数据缺失,没有采用制造业各细分行业的数据进行实证分析,从而无法分析中间投入品贸易发生在劳动密集型行业、技术密集型行业和资本密集型行业尤其是高新技术产品的实际情况。(3)我们研究的范围只包括有形的商品贸易,企业与企业之间进入产品生产过程的服务贸易则未计入。目前跨国公司总部对其子公司、分部及关联企业提供的 HQ (Headquater service 如管理技巧、研究与开发活动以及市场营销的诀窍等),计算机信息服务外包(IPO, Information Process Outsourcing. 依据 GATS 的服务部门分类,该类业务主要包括:与计算机硬件安装有关的咨询服务、软件实施服务和数据处理服务等)和业务流程服务外包(BPO, Business Process Outsourcing. 根据联合国贸发会议《电子商务与发展报告2003》,此类业务流程外包常见于金融、资产管理、保健、客服、人力资源、营销以及于互联网有关的其他服务),这些活动虽然难以计量,但却在很大程度上决定中间品贸易的地理方向与规模。[①] 如 Wood(1995)回顾和比较了他本人和其他学者的相关研究,再次强调以往的相关研究低估了北南贸易对发达国家非技术劳动力的不利影响,指出如果考虑到服务贸易因素,与发展中国家的贸易可能导致发达国家整个经济的非技术劳动相对需求下降20%左右。所以这部分服务贸易对发展中国家国内收入分配以及相对工资的影响是必须关注的重要内容。(4)全球生产网络下的产品内分工使得参与主体易于受控于领导厂商,其产品生产和物流安排都控制在成本最小的范围内,随着中西部地区基础设施的改善,开放程度的提高,虽然中西部地区的土地、劳动力生产成本更低,基础设施也大有改

[①] UNCTAD, E–Commerce and Development Report, 2003. p. 141.

善，但全球生产网络反而加剧了外资集中于东南沿海地区的程度，导致地区间差异进一步扩大。许多文献从基础设施、开放度、制度演化的地区差异去研究，但没有考虑到全球生产网络体系下这种新型分工模式的固化对区域差异的影响。这将成为以后学者研究的重点和方向。期待日后能够作进一步的深入研究。

参考文献

英文参考文献

[1] Acemoglu D., "Technical Change Inequality and Labor Market," *Journal of Economic Literature*, Vol. 40, No. 3, 2002.

[2] Agenor P. R., "Does Globalization Hurt the Poor," *International Economics and Economic Policy*, No. 1, 2004.

[3] Ahluwalia MS., "Inequality Poverty and Development," *Journal of Development Economics*, No. 3, 1976.

[4] Anderson E., "Openness and Inequality in Developing Countries: a Review of Theory and Recent Evidence," *World Development*, Vol. 33, No. 7, 2005.

[5] Cartiglia F., "Credit Constraints and Human Capital Accumulation in the Open Economy," *Journal of International Economics*, No. 43, 1997.

[6] Chiu W. H., "Income Inequality, Human Capital Accumulation, and Economic Performance," *Economic Journal*, No. 108, 1998.

[7] Dluhosch B., "Trade and Technology: Effects on Global Sourcing," *Journal of International Economics*, No. 5, 2006.

[8] Dieter E, Linsu K., "Global Production Networks, Knowledge Diffusion, and Local Capability Formation," *Research Policy*, No. 8, 2002.

[9] Egger P., Stehre R., "International Outsourcing and the Skill – specific Wage Bill in Eastern Europe," *The World Economy*, Vol. 26, No. 1, 2003.

[10] Findlay R., Kierzkowski H., "International Trade and Human Capital: a Simple General Equilibrium Model," *Journal of Political Economy*, No. 91, 1983.

[11] Feenstra R. C., Gordon H., Hanson., "Intermediaries in Entrepot Trade: Hong Kong Re Exports of Chinese Goods," *Journal of Economics and Management Strategy*, forthcoming. 2002.

[12] Feenstra R. C., Gardon H., Hanson., "Foreign Direct Investment and Relative Wages:

Evidence from Mexico's Maquiladoras," *NBER Working Paper*, 1995.

[13] Feenstra R. C., Gardon H., Hanson., "Global Production Sharing and Rising Inequality:a Survey of Trade and Wages ," *NBER Working Paper*, 2001. http://www.nber.org/papers/w8372

[14] Feenstra R. C., Gardon H., Hanson., "Globalization, Outsourcing, and Wage Inequality," *NBER Working Paper*, 1996, http://www.nber.org/papers/w5424

[15] Feenstra R. C., "*Advanced International Trade: Theory and Evidence*," Princeton University Press, 2003. http://www.econ.ucdavis.edu/faculty/fzfeens/textbook.html.

[16] Gereffi G., "The Governance of Global Value Chains," *Duke University Working Paper*, 2003.

[17] Gereffi G., Humphrey J., Sturgeon T., "The Governance of Global Value Chains," *Review of International Political Economy*, Vol. 12, No. 1, 2005.

[18] Gaulier G., Lemoine F., Unal–Kesenci D., "China's Integration Into Asian Production," *CEPII*, *Working Paper* No. 2002–02.

[19] Hanson G., Feensra R., "Intermediaries in Entrepot Trade: Hong Kong Re-exports of Chinese Goods ," *Journal of Economic Management and Strategy*, Vol. 13, No. 1, 2004.

[20] Hanushek E., "Interpreting Recent Research on Schooling in Developing Countries," *World Bank Research Observer* , No. 10, 1995.

[21] Humphrey J. & Memedovic O., "*The Global Automotive Industry Value Chain: What Prospects for Upgrading by Developing Countries*," UN IDO, Vienna, 2003.

[22] Humphrey J., Schmitz H., "Local Enterprises in the Global Economy: Issues of Governance and Upgrading ," *IDS Bulletin*, Vol. 32, No. 3, 2003. www.ids.ac.uk.

[23] Kalyan K., Sanyal, Jones R. W., "The Theory of Trade in Middle Products," *The American Economic Review*, Vol. 72, No. 3, 1982.

[24] Krugman P. R., "Technology, Trade and Factor Prices," *Journal of International Economics*, No. 50, 2000.

[25] Lloyd–Ellis H., "Public Education, OccupationalChoice and the Growth–equality Relationship," *International Economic Review*, No. 41, 2000.

[26] Lok Sang Ho, Xiaodong Wei, Wai Chung Wong., "The Effect of Outward Processing Trade on Wage Inequality: the Hong Kong Case," *Journal of International Economics* , No. 67, 2005.

[27] Leamer E., "Paths of Development in the Three–factor, a General Equilibrium Model," *Journal of Political Economy*, Vol. 95, No. 5, 1987.

[28] Papanek GF, Kyn O., "Flattening the Kuznets curve: the Consequences for Income Distribution of Development Strategy, Government Intervention, Income and the Rate of Growth,"

Pakistan Development Review, No. 26, 1987.

[29] Panagariya A., " Evolution of Income Distribution and Credit – constrained Human Capital Investment in Open Economics," *Journal of International Economics*, No. 2, 2001.

[30] Ranjan P., "Dynamic Evolution of Income Distribution and Credit – constrained Human Capital Iinvestment in Open Economies," *Journal of International Economics*, No. 55, 2001.

[31] Saith A., " Development and Distribution: a Critique of Cross Country Hypothesis," *Journal of Development Economics*, No. 13, 1983.

[32] Sturgeon T., "How do we difine value chains and production networks," *IDS (Institute of Development study, University of Sussex) Bulletion*, Vol. 32, No. 3, 2002.

[33] Susan Chun Zhu, Trefler D., "Trade and Inequality in Developing Countries: a General Equilibrium Analysis," *Journal of International Economics*, No. 65, 2005.

[35] Weede E, Tiefenbach H., " Some Recent Explanations of Income Inequality: an Evaluation and Critique ," *International Studies Quarterly*, No. 25, 1981.

[36] Wood A., " Openness and Wage Inequality in Developing Countries: The Latin American Challenge to East Asian Conventional Wisdom," *World Bank Economic Review*, Vol. 11, No. 1, 1997.

[37] Wong, Kar – yiu., "Are International Trade and Factor Mobility Substitutes," *Journal of International Economics*, Vol. 21, No. 8, 1986.

[38] Xiaodong Wu., "Foreign. Direct Investment, Intellectual Property Rights, and Wage Inequality in China," *China Economics Review*. No. 11, 2000.

[39] Xu Bin and Li Wei., "Trade, Foreign Investment, and China's Wage Inequality," Working Paper, University of Florida, 2002.

中文参考文献

[40] 白雪梅：《教育与收入不平等——中国的经验研究》，《管理世界》2004年第6期。

[41] 蔡昉、都阳主编：《2001年：中国人口问题报告》，社会科学文献出版社，2001年版。

[42] 蔡昉、王美艳：《"民工荒"现象的经济学分析——珠江三角洲调查研究》广东社会科学2005年第2期。

[43] 蔡昉：《劳动力市场变化趋势与农民工培训的迫切性》，《中国职业技术教育》2005年第11期。

[44] 陈昉：《技术水平和工资水平》，安徽大学硕士学位论文，2007年4月。

[45] 陈建，杜薇：《东亚国际生产网络与中国的政策选择》，《教学与研究》2007年第12期。

[46] 陈景华：《中间投入品贸易对我国收入分配的影响：理论与实证》，《技术经济》2007年第3期。

[47] 陈晓红，胡小娟：《跨国公司FDI与我国中间产品贸易实证分析》，《国际经贸探索》2007年第10期。

[48] 戴枫：《贸易自由化与收入不平等——基于中国的经验研究》，《世界经济研究》2005年第10期。

[49] 都阳、蔡昉：《中国劳动力市场的一体化进程：制造业工资收敛的证据》，中国社会科学院人口与劳动经济研究所，工作论文，2004年第40期。

[50] 冯玫：《在华跨国转包体系中农民工权益保护途径初探》，《学术交流》2007年第11期。

[51] 高越：《产品内分工与我国加工贸易的结构升级》，《对外经贸实务》2006年第2期。

[52] 海闻：《国际生产与贸易格局的新变化》，《国际经济评论》2007年第2期。

[53] 何璋、覃东海：《开放程度与收入分配不平等问题——以中国为例》，《世界经济研究》2003年第2期。

[54] 胡放之：《我国二元劳动力市场与工资水平的决定》，《改革与战略》2005年第9期。

[55] 胡国恒：《直接投资、外包与跨国生产网络的空间组织》，《河南大学学报自然科学版》2006年第9期。

[56] 华民：《中国资本项目的开放：挑战与机遇》，学林出版社，2003年。

[57] 黄彬云：《技术进步的就业效应研究综述》，《求实》2006年第10期。

[58] 贾继锋：《重构优势：入世后中国外贸的国际竞争力》，上海社会科学院出版社，2001年版。

[59] 靳卫东：《公共财政政策、人力资本投资与收入差距》，《经济体制改革》2006年第5期。

[60] 靳卫东：《人力资本需求与工资差距：技术、贸易和收入的影响》，《经济经纬》2007年第1期。

[61] 李世光：《国际贸易、外国直接投资、技术进步和收入分配差距——一个综合分析模型》，《国际贸易问题》2004年第6期。

[62] 李雪辉，许罗丹：《FDI对外资集中地区工资水平影响的实证研究》，《南开经济研究》2002年第2期。

[63] 李燕等：《系统论与我国汽车产业的发展战略》，《中国地质大学学报（社会科学版）》2003年第6期。

[64] 李燕飞：《香港大陆贸易发展与香港工资差距扩大》，《攀枝花学院学报》2005年第6期。

[65] 李晓华：《技术回报、经济转型与工资不平等的增长》，浙江大学博士学位论文，2007年8月。

[66] 廖涵：《论我国加工贸易的中间品进口替代》，《管理世界》2003年第1期。

[67] 刘德学：《中国加工贸易升级对策研究——基于全球生产网络视角》，《国际经贸探索》2006年第4期。

[68] 隆国强、张丽平等：《加长产业链——外商投资机电产品出口企业中间投入品采购行为研究》，《国际贸易》2001年第2期。

[69] 平新乔：《现时代的自由贸易与保护主义之争——一个理论述评》，《经济社会体制比较》2006年第2期。

[70] 宋玉华，周均：《国际外包、就业和收入分配之文献综述》，《国际贸易问题》2006年第3期。

[71] 田文：《产品内贸易论》，经济科学出版社，2006年版。

[72] 王德文、蔡昉、高文书：《全球化与中国国内劳动力流动：新趋势与政策含义》，《开放导报》2005年第4期。

[73] 王德文、吴要武、蔡昉：《迁移、失业与城市劳动力市场分割——为什么农村迁移者的失业率很低?》，《世界经济文汇》2004年第1期。

[74] 王卉：《我国贸易结构对收入分配的影响》，《经济论坛》2007年第10期。

[75] 王怀民：《市场分割、比较优势与加工贸易》，《世界经济研究》2005年第1期。

[76] 王美艳《转轨时期的工资差异：歧视的计量分析》，《数量经济技术经济研究》2003年第5期。

[77] 王美艳：《城市劳动力市场上的就业机会与工资差异——外来劳动力就业与报酬研究》，《中国社会科学》2005年第5期。

[78] 王绍光：《开放与不平等——中国能否补偿加入WTO的受损者》，《管理世界》2001年第6期。

[79] 王益民等：《全球生产网络效应、集群封闭性及其"升级悖论"》，《中国工业经济》2007年第4期。

[80] 王永齐：《贸易溢出、人力资本和经济增长——基于中国数据的经验分析》，《南开经济研究》2006年第1期。

[81] 武剑：《外国直接投资的区域分布及其经济增长效应》，《经济研究》2002年第4期。

[82] 夏平：《中国中间产品贸易分析——基于产品内国际分工视角》，对外经济贸易大学博士论文，2007年4月。

[83] 谢桂华：《农民工与城市劳动力市场》，《社会学研究》2007年第5期。

[84] 谢勇、徐倩：《浅论收入分配差距对中国城镇居民人力资本投资的影响》，《人口与经济》2004年第1期。

[85] 徐建荣，陈诉：《二元化、制造业结构低端化与"民工荒"现象》，《企业经济》2007年第1期。

[86] 徐康宁、陈健：《国际生产网络与新国际分工》，《国际经济评论》2007年第11～12期。

[87] 徐水安：《贸易自由化与中国收入分配的演变》，《世界经济文汇》2003年第4期。

[88] 翟银燕：《技术和国际贸易对收入与分配的影响》，《系统工程理论与实践》2004年第11期。

[89] 张斌：《收入不平等关系的根源：自由贸易还是技术进步》，《世界经济研究》2003年第2期。

[90] 张辉：《全球价值链下地方产业集群——以浙江平湖光机电产业为例》，《产业经济研究（双月刊）》2004年第6期。

[91] 张纪：《产品内国际分工中的收益分配——基于笔记本电脑商品链的分析》，《中国工业经济》2006年第7期。

[92] 张全红、张建华：《全球化与城市贫困——基于中部六省的实证分析》，《财贸研究》2007年第3期。

[93] 张钜贤、马承霈：《香港——内地贸易和香港的工资差距》，《南京经济学院学报》2001年第3期。

[94] 张莹：《中国贸易结构对相对就业和工资的影响》，浙江大学硕士毕业论文，2007年6月。

[95] 赵文丁：《融入国际生产网络的利益与局限——基于发展中国家视角的分析》，《世界经济与政治论坛》2005年第5期。

[96] 赵莹：《中国的对外开放和收入差距》，《世界经济文汇》2003年第4期。

[97] 赵晓霞：《贸易对收入分配影响研究的最新进展及其评论》，《商业经济与管理》2005年第12期。

[98] 尹翔硕：《比较优势、技术进步与收入分配——基于两个经典定理的分析》，《复旦学报（社会科学版）》2002年第6期。

[99] 曾湘泉：《劳动经济学》，复旦大学出版社，2003年版。

后 记

对全球生产网络与收入差距的关注始于 2006 年刘德学老师讲授《国际贸易问题研究》的课程，刘老师提出的全球生产网络以及跨国公司外购对国内工资影响的问题引起了我的思考；张捷老师的一堂讲座：Macdougall - Kemp Model 与珠三角民工荒问题，启发我深入思考生产要素国际流动的收入分配效应问题。我原本想探讨开放程度与发展中国家收入不平等。但是，我发现全球生产网络下中间品贸易对不同技术工人相对工资的影响是中国现实中发生的问题。因此我决定先从能够解释问题的实证做起。

在参与《广东省国际科技合作机制与政策研究》以及《广州加工贸易转型升级》课题组调研过程中，我获得了宝贵的一手数据资料。感谢我的博士生导师刘德学教授，在他的指引下，我学会了如何正视经济学，越是对经济学多一份了解，越是能够感觉到这些指点的意义。2010 年在英国曼彻斯特大学商学院做访问学者期间，Siobhan Drugan 和 Silvia Massini 在生活上和学术上给予了我很大帮助，让我不断地修正本文。

成为一名教师是我从小的梦想，感谢广州大学，给我实现这个梦想的舞台。感谢陈喜强老师对本书出版的关注和支持。感谢一直以来关心、帮助和支持我的领导和同事们，你们的友谊是我工作中最宝贵的财富。感谢我的学生朱俊超，帮助我完善数据。

感谢我的丈夫和女儿，他们给予了我无限的爱，他们是我生活和工作最大的动力。

本人学识水平有限，书中难免有错漏和不妥之处，诚恳地欢迎同行专家和

后 记

读者批评指正，提出宝贵意见。

张 梅

2012 年 6 月

附 表

附表1 1995~2010年加工贸易进出口总额及占比　　　　单位:亿美元

年份	加工贸易 出口	加工贸易 进口	贸易总额 出口	贸易总额 进口	加工贸易出口占比	加工贸易进口占比
1995	737	583.7	1487.8	1320.8	0.495362	0.441929
1996	843.3	622.7	1510.5	1388.3	0.558292	0.448534
1997	996.02	702.06	1827.9	1423.7	0.544899	0.493124
1998	1044.54	685.99	1837.1	1402.4	0.568581	0.489154
1999	1108.82	735.78	1949.3	1657	0.56883	0.444043
2000	1376.52	925.58	2492	2250.9	0.552376	0.411204
2001	1474.33	939.74	2661	2435.5	0.554051	0.385851
2002	1799.28	1222.01	3256	2951.7	0.552604	0.414002
2003	2418.51	1629.04	4382.3	4127.6	0.551881	0.39467
2004	3279.7	2216.94	5933.2	5612.3	0.552771	0.395015
2005	4164.07	2740.12	7619.5	6599.5	0.546502	0.415201
2006	5103.55	3214.72	9689.4	7914.6	0.526715	0.406176
2007	6177	3684	12180	9558	0.507142	0.385436
2008	6752	3784	14285	11331	0.472663	0.333951
2009	5870	3223	12017	10056	0.488474	0.320505
2010	7403	4174	15779	13948	0.469167	0.299254

数据来源:中国统计年鉴及各地统计年鉴,2000~2011年

附表2 1996~2006年相对工资、就业人员数、人力资本及资本统计总表

年份	纺织业年均工资（元）(A)	纺织、服装及鞋帽制品年均工资（元）(B)	通信设备、计算机及其他电子设备制造业年均工资（元）(C)	相对工资(C)/(A)	相对工资(C)/(B)	就业人员年末数万人（人）	大专以上从业人员构成	固定资产净值年均余额（亿元）
1996	4329	4947	7032	1.624394	1.421468	5744	0.028	34493.2
1997	4545	5300	7915	1.741474	1.493396	5580.5	0.035	39778.75
1998	5280	6416	10474	1.983712	1.632481	4390	0.035	44136.87
1999	5753	7084	12249	2.12915	1.729108	4156	0.038	47281.43
2000	6398	7787	14138	2.209753	1.81559	3934	0.047	51792.33
2001	6681	8367	16350	2.447238	1.954105	3787	0.056	55437.43
2002	7268	9066	17636	2.426527	1.94529	3801.8	0.092	59482.66
2003	8079	10090	18922	2.342122	1.875322	2980.5	0.098	66068.38
2004	9038	11381	20428	2.260235	1.794921	3050.8	0.103	79749.41
2005	10531	12512	21213	2.014339	1.695412	3210.9	0.088	89460.49
2006	12035	14349	24119	2.004071	1.680883	3310.5	0.112	105805.26

数据来源：中国统计年鉴及劳动统计年鉴,2000~2007年

附表3 1999~2006年加工贸易前九强省市加工贸易、资本、就业人数及人力资本统计总表

地区	年份	出口比重	进口比重	就业人员大专以上学历占比	制造业年末人数（千人）	固定资产净值年均余额（亿元）	K/L表示人均固定资产投资（亿元）
广东	1999	0.78	0.67	0.056	2684	3578.45	1.333253
	2000	0.78	0.63	0.052	2535	3829.52	1.510659
	2001	0.80	0.62	0.054	2422	3979.46	1.643047
	2002	0.79	0.64	0.071	2568	4162.67	1.620977
	2003	0.77	0.62	0.075	2838	4616.88	1.626808
	2004	0.76	0.59	0.074	3182	5459.25	1.715666
	2005	0.74	0.62	0.075	3599	6289.51	1.747572
	2006	0.69	0.61	0.074	3678	7375.29	2.005245

131

续表

地区	年份	出口比重	进口比重	就业人员大专以上学历占比	制造业年末人数(千人)	固定资产净值年均余额(亿元)	K/L表示人均固定资产投资(亿元)
江苏	1999	0.60	0.46	0.050	2784	3078.88	1.10592
	2000	0.53	0.44	0.051	2575	3210.54	1.246812
	2001	0.53	0.47	0.056	2356	3487.99	1.480471
	2002	0.55	0.50	0.046	2225	3806.83	1.710935
	2003	0.62	0.53	0.062	2255	4386.4	1.945188
	2004	0.65	0.57	0.058	2315	5395.54	2.330687
	2005	0.67	0.62	0.076	2516	6986.32	2.776757
	2006	0.66	0.60	0.077	2723	8385.88	3.079647
上海	1999	0.46	0.37	0.151	1432	2688.16	1.877207
	2000	0.44	0.36	0.165	1339	2819.92	2.10599
	2001	0.43	0.33	0.171	1220	2818.41	2.310172
	2002	0.41	0.34	0.162	1309	2953.84	2.256562
	2003	0.43	0.34	0.203	1270	3104.11	2.444181
	2004	0.47	0.35	0.244	1202	3548.97	2.952554
	2005	0.48	0.39	0.220	1186	4172.46	3.518094
	2006	0.48	0.38	0.232	1256	4664.53	3.713798
山东	1999	0.53	0.57	0.022	2939	2462.82	0.837979
	2000	0.52	0.54	0.048	2829	2668.54	0.94328
	2001	0.49	0.52	0.062	2747	2717.58	0.98929
	2002	0.48	0.48	0.074	2736	3006.04	1.098699
	2003	0.47	0.44	0.072	2720	3538.63	1.300967
	2004	0.48	0.42	0.071	2818	4418.99	1.56813
	2005	0.49	0.44	0.051	3367	5871.53	1.743846
	2006	0.47	0.43	0.061	3379	7270.5	2.151672

续表

地区	年份	出口比重	进口比重	就业人员大专以上学历占比	制造业年末人数(千人)	固定资产净值年均余额(亿元)	K/L 表示人均固定资产投资(亿元)
浙江	1999	0.22	0.30	0.030	1295	1803.05	1.392317
	2000	0.20	0.26	0.036	1158	1945.38	1.679948
	2001	0.20	0.25	0.038	1031	2195.36	2.12935
	2002	0.17	0.20	0.079	997	2545.05	2.552708
	2003	0.18	0.20	0.082	1115	3133.85	2.810628
	2004	0.19	0.24	0.105	1543	4096.37	2.654809
	2005	0.21	0.26	0.065	2034	4925.9	2.42178
	2006	0.22	0.27	0.073	2145	5859.12	2.731524
天津	1999	0.68	0.63	0.111	839	1137.95	1.356317
	2000	0.61	0.58	0.109	813	1085.92	1.335695
	2001	0.63	0.51	0.108	774	1167.46	1.508346
	2002	0.67	0.47	0.137	712	1192.15	1.674368
	2003	0.64	0.37	0.135	771	1211.1	1.570817
	2004	0.67	0.38	0.182	768	1270.7616	1.654638
	2005	0.65	0.35	0.148	777	1460.9585	1.880255
	2006	0.64	0.37	0.159	798	1705.79	2.137581
福建	1999	0.53	0.48	0.032	1283	879.655	0.685624
	2000	0.49	0.50	0.054	1295	981.19	0.757676
	2001	0.48	0.47	0.064	1296	1063.98	0.820972
	2002	0.48	0.44	0.061	1361	1183.1	0.869287
	2003	0.50	0.41	0.062	1539	1337.06	0.868785
	2004	0.50	0.41	0.072	1832	1596.1	0.871234
	2005	0.47	0.43	0.069	2002	1753.85	0.876049
	2006	0.43	0.43	0.073	2103	1976.5985	0.939895

续表

地区	年份	出口比重	进口比重	就业人员大专以上学历占比	制造业年末人数(千人)	固定资产净值年均余额(亿元)	K/L表示人均固定资产投资(亿元)
北京	1999	0.57	0.24	0.230	1023	1137.7361	1.112157
	2000	0.56	0.24	0.210	945	1224.163	1.295411
	2001	0.57	0.24	0.186	956	1419.1342	1.48445
	2002	0.56	0.24	0.231	1102	1159.4256	1.05211
	2003	0.57	0.24	0.262	1022	1149.378	1.124636
	2004	0.56	0.24	0.286	1051	1217.9978	1.158894
	2005	0.58	0.23	0.309	1024	1473.7594	1.439218
	2006	0.56	0.24	0.309	1046	1838.49	1.757639
辽宁	1999	0.60	0.50	0.070	2213	2287.9	1.033845
	2000	0.57	0.49	0.067	2019	2386.2	1.181872
	2001	0.54	0.48	0.062	1810	2591.16	1.43158
	2002	0.55	0.50	0.066	1592	2709.3	1.701822
	2003	0.54	0.45	0.109	1511	2765.61	1.830318
	2004	0.50	0.42	0.091	1505	2889.77	1.920113
	2005	0.50	0.45	0.099	1504	3229.56	2.147314
	2006	0.47	0.47	0.103	1897	3870.04	2.040084

注:本表中加工贸易数据包括来料加工和进料加工。
数据来源:中国统计年鉴,劳动统计年鉴,工业经济统计年鉴及各地统计年鉴,2000~2007年

附表4 1999~2006年各省市电子通信设备及纺织、服装业年均劳动报酬 单位:元

地区	年份	电子及通信设备(1)	纺织业(2)	服装(3)	相对工资(1)/(2)	相对工资(1)/(3)	Ln(1)/(3)
广东	1999	15663	8815	8582	1.776858	1.825099	0.601634
	2000	17661	9361	9168	1.886657	1.926374	0.65564
	2001	19929	9500	9643	2.097789	2.06668	0.725944
	2002	21041	9922	10376	2.120641	2.027853	0.706977
	2003	23078	10134	11276	2.277284	2.046648	0.716203
	2004	25010	11023	12104	2.268892	2.066259	0.72574
	2005	27246	12127	13267	2.246722	2.053667	0.719627
	2006	30124	13462	14652	2.237706	2.055965	0.720745
江苏	1999	10785	6608	6844	1.632113	1.575833	0.454784
	2000	12213	7355	7487	1.660503	1.631227	0.489333
	2001	13388	7542	7932	1.775126	1.687847	0.523454
	2002	15290	8321	8566	1.83752	1.784964	0.579398
	2003	17321	8532	9676	2.030122	1.790099	0.582271
	2004	19679	8798	10932	2.236758	1.800128	0.587858
	2005	21395	9986	11820	2.142499	1.810068	0.593364
	2006	24657	11824	13547	2.085335	1.820108	0.598896
上海	1999	19018	10329	10842	1.841224	1.754104	0.561958
	2000	21109	11159	10926	1.891657	1.931997	0.658554
	2001	26635	12394	12937	2.149024	2.058824	0.722135
	2002	24082	13450	13566	1.790483	1.775173	0.573898
	2003	25123	13798	13880	1.820771	1.810014	0.593335
	2004	25783	13997	13428	1.842038	1.920092	0.652373
	2005	26236	14352	13053	1.828038	2.009959	0.698115
	2006	27101	14789	13285	1.832511	2.03997	0.712935

续表

地区	年份	电子及通信设备(1)	纺织业(2)	服装(3)	相对工资(1)/(2)	相对工资(1)/(3)	Ln(1)/(3)
山东	1999	8639	4861	5519	1.777206	1.56532	0.44809
	2000	9875	5533	6446	1.784746	1.531958	0.426547
	2001	11933	6035	7049	1.977299	1.692864	0.526422
	2002	12230	6601	7762	1.85275	1.575625	0.454652
	2003	13653	7212	8641	1.893095	1.580025	0.457441
	2004	14785	7810	9299	1.893086	1.589956	0.463706
	2005	15769	8439	9855	1.868586	1.600101	0.470067
	2006	19562	9878	11856	1.98036	1.649966	0.500755
浙江	1999	11485	8023	8660	1.431509	1.326212	0.282327
	2000	13205	9120	9823	1.447917	1.344294	0.295869
	2001	14587	9948	10774	1.466325	1.353908	0.302995
	2002	15431	11152	11760	1.383698	1.31216	0.271675
	2003	16347	11678	12109	1.399812	1.349988	0.300095
	2004	17587	12467	12932	1.410684	1.35996	0.307455
	2005	18964	13246	13913	1.431677	1.363042	0.309719
	2006	19458	13456	14286	1.446046	1.362033	0.308978
天津	1999	14395	6375	8157	2.258039	1.764742	0.568004
	2000	17021	7996	8414	2.128689	2.022938	0.704551
	2001	19360	8163	7916	2.371677	2.44568	0.894323
	2002	22232	8858	8007	2.509822	2.776571	1.021217
	2003	23450	9302	8465	2.520963	2.77023	1.01893
	2004	24789	9896	8917	2.504951	2.779971	1.02244
	2005	25698	10579	9211	2.429152	2.789925	1.026015
	2006	27989	11012	9960	2.541682	2.810141	1.033235

续表

地区	年份	电子及通信设备(1)	纺织业(2)	服装(3)	相对工资(1)/(2)	相对工资(1)/(3)	Ln(1)/(3)
福建	1999	12107	7650	8628	1.582614	1.403222	0.338771
	2000	12336	8421	8922	1.464909	1.38265	0.324002
	2001	13139	8588	9435	1.529925	1.392581	0.331159
	2002	14506	10571	10602	1.372245	1.368232	0.31352
	2003	15689	10989	11452	1.4277	1.369979	0.314795
	2004	17896	11865	12968	1.508302	1.380012	0.322092
	2005	18976	12033	13662	1.576997	1.388962	0.328557
	2006	20129	13457	14367	1.495801	1.401058	0.337228
北京	1999	22074	5753	7084	3.836955	3.116036	1.136562
	2000	25644	9997	10062	2.56517	2.548599	0.935544
	2001	28476	10896	11145	2.613436	2.555047	0.938071
	2002	30454	10957	10130	2.77941	3.006318	1.100716
	2003	31298	11023	10391	2.839336	3.01203	1.102614
	2004	32978	11345	10559	2.906831	3.123212	1.138862
	2005	33245	11987	10353	2.773421	3.211147	1.166628
	2006	33968	12134	10572	2.799407	3.213016	1.16721
辽宁	1999	8164	4434	6001	1.841227	1.36044	0.307808
	2000	10286	4936	6787	2.083874	1.515544	0.415775
	2001	12465	5250	7238	2.374286	1.722161	0.54358
	2002	13181	5769	7407	2.284798	1.779533	0.576351
	2003	14235	6456	7999	2.204926	1.779597	0.576387
	2004	15689	7102	8809	2.209096	1.781019	0.577186
	2005	19489	8948	10875	2.178029	1.792092	0.583384
	2006	20129	9795	11103	2.055028	1.812933	0.594946

数据来源:中国统计年鉴,劳动统计年鉴及各地统计年鉴,2000~2007年